CLÁSICOS
CASTALIA

CARTAS DE AMOR A STALIN

LA PAZ PERPETUA

COLECCIÓN DIRIGIDA POR
PABLO JAURALDE POU

Juan Mayorga

JUAN MAYORGA

CARTAS DE AMOR A STALIN

LA PAZ PERPETUA

EDICIÓN, INTRODUCCIÓN Y NOTAS DE
FRANCISCO GUTIÉRREZ CARBAJO

CLÁSICOS CASTALIA

CASTALIA EDICIONES es un sello propiedad de edhasa

Avda. Diagonal, 519-521
08029 Barcelona
Tel. 93 494 97 20
E-mail: info@edhasa.es

Consulte nuestra página web:
http://www.castalia.es
http://www.edhasa.es

Primera edición: mayo de 2016

Ilustración de cubierta: Montaje: Iósif Stalin escribiendo (1949), sello de correos emitido por la DDR (República Democrática Alemana, 1954) y paloma de la paz.

Diseño gráfico: RQ

ISBN 978-84-9740-707-6
Depósito Legal B.8906-2016

Impreso en Encuadernaciones Huertas
Impreso en España

S U M A R I O

INTRODUCCIÓN

LA DRAMATURGIA DE JUAN MAYORGA

Intentar fijar en una introducción una dramaturgia tan dinámica como la de Juan Mayorga constituye un auténtico reto. Sus textos han conocido numerosas ediciones, traducciones y representaciones, y los más prestigiosos investigadores han analizado las diversas modalidades y características de su teatro.

No se pretende, por tanto, fijar ni delimitar nada sino indagar en la obra de un autor que aborda el arte escénico en toda su variedad, riqueza y complejidad. Su creación es la vez una investigación y una indagación en el mundo del teatro, de la filosofía, de la ciencia, del lenguaje y de la vida. Un teatro como arte de la palabra y como un «redoble de conciencia» cívico. Una escritura como fuente de conocimiento y de fruición, como diálogo permanente y como la herramienta más valiosa de exploración. Frente a las ideologías líquidas y al pensamiento débil, Juan Mayorga vuelve a hablar, con toda propiedad y con toda justicia, de compromiso, y lleva a cabo ese compromiso en su actividad profesional y en su quehacer artístico.

Juan Mayorga y otros dramaturgos actuales han conseguido elevar el teatro español a uno de los niveles más altos de su historia y ha logrado que sus obras alcancen una auténtica dimensión internacional. Esta situación es especialmente elogiable teniendo en cuenta la escasa atención que se le presta a la cultura en general y al teatro en particular. Con un inmenso bagaje científico, filosófico, teatral y literario, potencia al máximo todos los elementos que integran el arte escénico: el personaje, el espacio, el tiempo y el discurso teatral.

LA CONSTRUCCIÓN DEL PERSONAJE

Juan Mayorga ha declarado que «necesitamos construir un personaje para vivir, y lo hacemos a través del vestuario, de los gestos, de las palabras»[1]. En coherencia con ello, concibe el personaje como el elemento que le confiere auténtica vida al teatro. Para Mayorga el teatro es el arte del personaje, del actor, y el corazón del arte escénico es el pacto que se establece entre el actor y el espectador.

A pesar de la importancia que le conceden Juan Mayorga y la mayoría de los dramaturgos al personaje, su caracterización resulta muy difícil, ya que en esta noción se incluyen diferentes categorías[2].

Este elemento dramático fue ya una de las cuestiones más debatidas por los autores clásicos. En la *Poética* de Aristóteles, la acción es el criterio que permite distinguir la naturaleza del personaje, criterio que nunca ha sido olvidado a lo largo de la historia literaria, aunque no siempre haya sido considerado el hegemónico. Junto a la noción de carácter,

1 Juan Mayorga, entrevista con Anna Maria Iglesia, en *Núvol, el digital de la Cultura, L'Apuntador,* www.nuvol.com, de 13 de diciembre de 2013; fecha de consulta: 29 de mayo de 2015.

2 Oswald Ducrot y Tzvetan Todorov, *Diccionario enciclopédico de las ciencias del lenguaje,* Buenos Aires, Siglo XXI, 1974, p. 259.

este criterio está presente en Cicerón y en la poética clasicista[3]. Otros tratadistas no tienen en cuenta el concepto aristotélico de acción y consideran la categoría del personaje como una proyección de la personalidad del escritor o ponen todo su cuidado en subrayar los problemas de la psicología de los individuos representados por los personajes. Se inscriben en esta corriente las tesis psicologistas y psicocríticas, derivadas en buena parte de los postulados de Freud, Jung y Adler, y algunas escuelas anglosajonas centradas especialmente en la psicología diferencial.

A los enfoques psicológicos apelan también determinadas construcciones semióticas, para las cuales el proceso de constitución semántica del personaje está unido al concepto de identificación, aunque la identidad psico-sociológica se defina como un proceso de comunicación[4]. Una primera manifestación de la identidad es la apariencia, que resulta fundamental en el arte escénico. En el teatro, el hábito sí hace al monje[5], y en este sentido ha comentado Juan Mayorga que en *Himmelveg,* por ejemplo, en una sección, el personaje del Comandante puede ser interpretado por un actor y en otra por un actor que vistiese igual aunque fuese físicamente muy distinto[6], y en una línea semejante en *El Gordo y el Flaco,* indica en la didascalia inicial que los personajes de su pieza

[3] Antonio García Berrio, *Introducción a la poética clasicista*, Madrid, Taurus, 1988, p. 185.

[4] Erika Fischer-Lichte, *Semiótica del teatro,* Madrid, Arco-Libros, 1999, p.136

[5] Umberto Eco, «L'abito parla il monaco», en *Psicología del vestiré*, Valentino Bompiani & C.S.p.A., 1972, Editorial Lumen Ramón Miquel y Planas, traducción de Carlos Manzano, Barcelona, 1976.

[6] Ruth Vilar y Salva Artesero, «Conversación con Juan Mayorga», *Pausa*, 32, en www.salabeckett.cat/fitxers/pauses/pausa-32/coner.-juan-mayorga.-rut-vilar-i-salva-artesero; fecha de consulta 5 de junio de 2015.

apenas se parecen a Hardy y a Laurel, aunque sus ropas en blanco y negro podrían ser las de ellos.

En relación con la naturaleza del hombre y con el problema de la personalidad, viene repitiéndose de forma recurrente que Ducrot y Todorov atacan las concepciones que privilegian la perspectiva psicológica, pero a lo que realmente se oponen estos autores es a la reducción del personaje a la simplificación de su personalidad, de la misma forma que otros investigadores atacan frontalmente el determinismo psicológico[7].

Juan Mayorga no lleva a cabo esta reducción del personaje, pero, al igual que en las creaciones consideradas más impersonales y objetivas como las naturalistas o las del *nouveau roman*, el autor está siempre en sus textos. Por eso, el dramaturgo considera que su obra teatral[8] «de alguna manera es un autorretrato, muchas veces inconsciente, pero más veraz probablemente del que hubiera escrito si me hubieran encargado mi autobiografía. Aquí está mi vida, o al menos estos años de mi vida, porque inevitablemente están aquí, con gran intensidad, mis preocupaciones, mis anhelos, mis tensiones, mis sueños... Hay textos que están fuertemente reescritos, con revisiones muy acusadas. En particular, *Más ceniza* y *Siete hombres buenos.* En esta última hay una luz que no estaba en la versión anterior, y eso tiene que ver con que siento que hay más luz en mi teatro, y probablemente en mi vida»[9].

La concepción aristotélica subyace en el fondo de aquellos que consideran al personaje como un elemento funcional de la estructura dramática, o incluso, de acuerdo con el

[7] Jean Starobinski, «El estilo de la autobiografía», en *La relación crítica*, Madrid, Taurus, 1974, pp. 65-77.

[8] Se refiere al libro *Teatro 1989-2014*, Segovia, La Uña Rota, 2014, que constituye una selección de su obra extensa.

[9] Entrevista con Julio Bravo en *ABC,* 28 de mayo de 2014.

enfoque semiótico, un signo en el marco del sistema. En el teatro de Mayorga, que además de representación es una indagación en la realidad y en la misma naturaleza del teatro, el personaje, el espacio y el tiempo, no quieren ser una representación analógica ni una copia mimética de la realidad sino signos en el marco del sistema global del arte escénico. En definitiva son construcciones realizadas por el autor y completadas por el espectador. Como observa Sanchis Sinisterra, «dado que el referente de todo texto dramático es en primera instancia no la realidad sino una representación virtual, un espectáculo pasado o futuro, el personaje no es más que una serie de enunciados del discurso presididos por una misma acotación escénica (Fedra, Nodriza, Pastor, Hamlet) susceptibles de ser atribuidos a una actriz o a un actor concretos o abstractos»[10].

Por lo que se refiere a los personajes de Juan Mayorga, un recorrido sintético por su dramaturgia confirma la propuesta de Bajtín de que el autor se manifiesta a través de todos ellos sin identificarse con ninguno. No se trata de una proyección del dramaturgo como postulan las teorías psicológicas y psicocríticas sino más bien de una delegación de la voz del autor en las diversas voces de sus personajes, lo que convierte su teatro en un contraste de voces, en una manifestación abierta y polifónica.

Los personajes aparecen representados por sus cuerpos, cuya importancia en el arte escénico se ha resaltado en los últimos tiempos, y por su pensamiento, que alcanza igualmente un papel relevante en un autor que tiene, entre otros referentes, a Hegel, Kant, Benjamin...

En *Siete hombre buenos,* que está dedicada a sus padres y recibió el accésit del premio Marqués de Bradomín en

[10] José Sanchís Sinisterra, *La escena sin límites,* Ciudad Real, Ñaque, 2002, p. 207.

1989, los personajes representan lo que supuso el exilio de los republicanos españoles, pero, como ha comentado recientemente el autor, la experiencia puede hacerse extensiva a otros exilios. En esta obra, como sucede en la mayoría de los textos de Mayorga, aunque en la capa patente los personajes presenten una historia particular, en la capa latente alcanzan una gran universalidad. Al comienzo hay una referencia a los animales, cuya presencia luego analizaré en varias de sus piezas, aunque en este caso tanto lo que lee Rogelio en el periódico, como lo que le contesta Dámaso tiene un valor connotativo: «ROGELIO: (*Lee*) Dámaso Ballester pertenece a una secta que admite entre sus miembros todo tipo de animales. DÁMASO: Calumnias. No admitimos lagartijas»[11].

En *Más ceniza*[12], Premio Calderón de la Barca de 1992 *ex aequo,* la acción dramática recae sobre las parejas de María y José, Sara y Abel, y Regine y Darío, aunque como se indica en la presentación de los personajes, «cada pareja se comporta como si las otras no estuvieran en escena»[13]. El presidente del Gobierno y su mujer, un general y su esposa y otra pareja son los personajes que se ven involucrados en este golpe teatral. Las tres parejas, que están en todo momento juntas en el escenario, se manifiestan con un discurso bien diferente[14]. El discurso de Darío, con el que se cierra la obra, hace referencia a elementos con una gran potencialidad escénica, como la rotura, la fragmentación y la desintegración, presentes igualmente en otros importantes dramaturgos de nuestros

11 Juan Mayorga, *Teatro 1989-2014,* op. cit., p. 27.

12 La obra fue publicada en 1993 en la revista *Primer Acto,* y estrenada bajo la dirección de Adolfo Simón el 20 de mayo de 1994 en la Sala Cuarta Pared, Madrid.

13 Juan Mayorga, *Teatro 1989-2014,* op. cit., p. 78.

14 Ritama Muñoz-Rojas, «*Más ceniza,* un golpe de Estado en escena», *El País,* 19 de mayo de 1994.

días, como Alfonso Vallejo. La acotación final acentúa esta representación apocalíptica: «Ruido de avioneta que se estrella, de espejo que estalla, gritos de dolor y de pánico. Todos se vuelven hacia el público como si fuera el lugar de la catástrofe»[15].

Buena parte de las escenas de *El traductor de Blumemberg* se desarrolla en el compartimento de un tren en marcha[16]. Guillermo Heras, que se encargó de su primera puesta en escena, comenta que «Blumemberg y Calderón debaten y luchan desde la convicción de su pensamiento, más allá del "antiguo teatro" de buenos y malos»[17].

Juan Mayorga ha analizado los trabajos de Benjamin sobre la traducción[18], y algunas de estas reflexiones aparecen recogidas en los discursos de los personajes así como los propios pensamientos de Blumemberg: «Deutsch its die Heimar der Sprache (*Se arrepiente de haberlo dicho. El tren se interna en zona de bosque espeso.* / CALDERÓN: «Esa frase es de Blumemberg: «El alemán es la patria del lenguaje». ¿Lee usted a Blumemberg? No resulta fácil hoy. Cuando usted vivía en Berlín, Blumemberg era el filósofo de moda, ¿no es cierto?»[19].

Juan Calderón comenta que ha traducido a los mejores, como Goethe y Lutero, cita a otros escritores y pensadores

15 Juan Mayorga, *Teatro 1989-2014,* op. cit., p 110.

16 Fue publicada en 1993 en la colección «Nuevo Teatro Español» de la CNNTE y estrenada en el Teatro Nacional Cervantes de Buenos Aires el 16 de agosto de 2000, bajo la dirección de Guillermo Heras.

17 Guillermo Heras, «Notas sobre la puesta en escena de *El traductor de Bulmemberg*», en *Miradas a la escena de fin de siglo (Escritos dispersos, II),* Valencia, Universidad de Valencia, 2003, p. 180.

18 Walter Benjamin, «La tarea del traductor», en Dámaso López García (ed.), *Teorías de la traducción. Antología de textos,* Cuenca, Servicio de Publicaciones de la Universidad de Castilla-La Mancha, 1996, pp. 335 y ss.

19 Juan Mayorga, *Teatro 1989-2014,* op. cit., p. 122.

ilustres, como Hölderlin, Feuerbach, Schopenhauer, y afirma que, de ellos, la suya es «su última palabra». Blumemberg, por su parte, le comenta que antes de él «nadie supo qué se podía hacer con las palabras»[20].

Las palabras definen y caracterizan también a los personajes en *El jardín quemado*[21] aunque uno de ellos sea una estatua. La acción se desarrolla a finales de los años setenta, como indica el autor en el comienzo de la obra. Benet, un joven psiquiatra que acaba de terminar su licenciatura, arriba a una isla con el objetivo de descubrir la verdad que se esconde en el sanatorio de san Miguel. Sospecha que el hospital funcionó como presidio durante la guerra civil, y que el director actual, el doctor Garay, es responsable de la muerte de un célebre poeta republicano y sus once compañeros de viaje. Decidido a desenmascarar a un cómplice de la represión franquista, interroga a los internos. Lo que va descubriendo, sin embargo, no es lo que esperaba, y en el proceso se desmoronan sus ideas preconcebidas sobre la situación. Se trata, en síntesis, de una nueva y profunda indagación en algunos de los acontecimientos más reprobables y luctuosos de nuestra historia[22], y de la teoría del *Shock* que el autor desarrolla en su teatro a partir de los presupuestos de Walter Benjamin[23].

Casi al final de la obra, Garay le dice a Benet que no saque a los hombres del jardín: «Allí fuera solo les aguarda la noche. En el jardín nos rodea la ceniza, pero fuera hay

20 Ibídem, p. 137.

21 *El jardín quemado* fue publicada en la revista *Escena* y estrenada el 18 de junio de 2009 en el Txaika Teatro de Bilbao, bajo la dirección de Marina Shimanskaya.

22 Manuel Aznar Soler, «Teatro, política y memoria en *El jardín quemado*, de Juan Mayorga», en *Anales de la literatura española contemporánea*, vol. 31, nº 2, 2006, pp. 79-118.

23 Juan Mayorga, «Shock», *Primer Acto,* nº 273, marzo-abril, 1998, p. 124.

una zarza que arde sin consumirse (...) No les traiga la guerra. Olvídese de san Miguel. Deje a los hombres enterrados»[24]. Benet insiste en que devolverá estos hombres al mundo y que destruyan este lugar pero su voz es aplastada por la de Cal que dirige sus palabras al fondo de la fosa: «¿Por qué me miráis así? ¿Es que no habéis comprendido todavía? ¿Cuánto tiempo necesitaréis para poneros en el punto de vista de la historia? (...) es la historia quien decide qué debe vivir y qué debe morir»[25].

El epílogo se cierra con las interrogaciones de Benet a la Estatua: «Dígame quién quemó el jardín (*Pausa.*) Dígame cuándo se volvieron locos. (*Pausa*) ¿Fue su sonrisa lo que les volvió locos? (*Pausa.*)¿Sonreirá siempre?»[26].

En *Angelus Novus*[27] el peso fundamental de la acción recae sobre el personaje Sartori, el médico policía de la ciudad, que centra su labor en la búsqueda de un hombre portador de un virus, que ataca a los ciudadanos para infectarlos. *Angelus Novus,* como otras obras de Juan Mayorga, establece un diálogo con otras manifestaciones del arte y del pensamiento, en este caso con la acuarela pintada por Paul Klee en el 1920, que Walter Benjamin adquirió ese mismo año y que adoptó como emblema de su trabajo. Y, al igual que en varias obras del autor, en *Angelus Novus* se establece una relación intertextual con otras de sus piezas. Por ejemplo Borkenau dice en la escena 20: «...Todo era distinto antes. (*Señala, en pantalla, el mapa de la ciudad*). Antes, en mi mapa cabía la ciudad. Ahora ni siquiera puedo seguir los

24 Juan Mayorga, *Teatro 1989-2014,* p.182.

25 Ibídem, pp. 182-183.

26 Ibídem, p. 183.

27 Fue estrenada en la sala Valle-Inclán de la RESAD de Madrid, el 14 de mayo de 1999 bajo la dirección de Salomé Aguiar, y se ha publicado en Juan Mayorga, *Teatro 1989-2014*, op. cit., pp. 185-218.

pasos de un solo hombre»[28]. En *581 mapas*, Hermida, diseñador de este tipo de representaciones geográficas, comenta: «Los mapas deberían ayudarte a saber dónde vives. Casi siempre se usan para lo contrario, para confundirte. Lo que la gente busca es un mapa que les diga la verdad»[29]. Los mapas tienen también una magnífica representación en *El cartógrafo (Varsovia, I: 400.000)* y en *Los yugoslavos.* Y si en *El jardín quemado* uno de los personajes estaba representado por una estatua, en *Angelus Novus* Borkenau observa cómo uno de los sanitarios «corrige una estatua-robot que representa a un ser sin rostro y andrógino...»[30].

En *El Gordo y el Flaco*[31], según comenta el autor en la didascalia inicial, los personajes de su obra apenas se parecen a Hardy y a Laurel, aunque sus ropas en blanco y negro podrían ser las suyas: «Y, de vez en cuando, en un gesto, en un acento, estos tipos pueden recordar a Laurel y Hardy. Si es que todavía alguien recuerda memoria de ellos»[32]. El autor ha explicado también que «esta pieza puede ser interpretada por un gordo y un flaco o por dos hombres de peso semejante. Podría suceder que el llamado *Flaco* fuese más gordo que el llamado *Gordo*».

En cualquier caso, el tratamiento de los personajes nos conduce al reflejo de las conductas y de las relaciones humanas. Como observa el propio autor, las personas son reflejos de sus acciones, y estas constituyen los personajes, según explicaba ya Aristóteles. El personaje es un compendio

28 Juan Mayorga, *Teatro 1989-2014,* op. cit., p. 210.

29 Juan Mayorga, *581 mapas,* en Francisco Gutiérrez Carbajo (ed.). *Teatro breve actual,* Barcelona, Edhasa (Castalia), 2013, p. 315.

30 Juan Mayorga, *Teatro 1989-2014,* op. cit., p. 209.

31 La obra se publicó en el 2001 en la revista *Acotaciones* y fue estrenada bajo la dirección de Luis Blat el 29 de enero de 2000 en el Teatro Adolfo Marsillach de San Sebastián de los Reyes (Madrid).

32 Juan Mayorga, *Teatro 1989-2014,* op. cit., p. 261.

de ideas, sobre todo en un sentido platónico: la forma que adoptan para darse a conocer debe hacerse materia, engendrarse, encarnarse como actante, en el sentido expuesto con anterioridad. Estos actantes duales sustentan todas las parejas de la historia: Romeo y Julieta, Don Juan y Doña Inés, y su relación dialéctica remite a Platón, según el cual, en un principio todos éramos dobles y por eso necesitamos la relación con ese otro yo que fuimos para completarnos.

Himmelweg[33], según se explica en una sección del relojero de Núremberg al comienzo de la obra, «no es una palabra», son dos palabras: «Himmel» que quiere decir «cielo». «Weg» es camino. «Himmelweg» significa entonces «Camino del cielo». Escuchó por primera vez esta expresión en Alemania, durante la guerra. «Camino del cielo» es el siniestro y terrible eufemismo utilizado para referirse a la rampa de acceso a las cámaras de gas donde se exterminaba sistemáticamente a los judíos. La expresión refleja la perversión del lenguaje, herramienta indispensable para enmascarar estrategias de manipulación y dominio como las que despliega el personaje del comandante en la obra de Juan Mayorga. El propio autor ha comentado que «a primera vista, *Camino del cielo* es una obra de teatro histórico. En realidad, es –quiere ser– una obra acerca de la actualidad. Habla de un hombre que se parece a casi toda la gente que conozco: tiene una sincera voluntad de ayudar a los demás; quiere ser solidario; le espanta el dolor ajeno. Sin embargo, también como casi toda la gente que conozco, ese hombre no es lo bastante fuerte para desconfiar de lo que le dicen y le muestran. No es lo bastante fuerte para ver con sus propios ojos y nombrar con sus propias palabras. Se conforma con las imágenes que otros le dan. Y con las pa-

33 Esta pieza, que recibió el Premio Enrique Llovet, se estrenó el 17 de octubre de 2003 en el Teatro Alameda de Málaga bajo la dirección de Jorge Rivera y fue publicada en *Primer Acto* en el 2004.

labras que otros le dan. *'Camino-del-cielo'*, por ejemplo. No es lo bastante fuerte para descubrir que 'Camino del cielo' puede ser el nombre del infierno. No es lo bastante fuerte para ver el infierno que se extiende bajo sus pies».

La acción se sustenta básicamente sobre dos personajes: el Comandante que pone en escena una ficción para los visitantes y un individuo que es presentado como Alcalde. Respecto al personaje principal, Juan Mayorga ha comentado en una entrevista con Ana María Iglesia: «El Comandante, que a lo largo de la obra se nos mostrará como creador de un espectáculo, se nos presenta como un apasionado espectador que necesita del teatro para tomar aliento antes de volver a su posición en la maquinaria de muerte nazi. Conocer el gran teatro no le impide participar en el asesinato de seres humanos, al contrario, le ayuda a hacerlo. Si pensamos en las grandes obras teatrales, no han conseguido evitar la barbarie, al contrario, han sido aplaudidas por perpetradores de la barbarie»[34].

Animales nocturnos[35] es un desarrollo de su texto corto *El buen vecino,* que aborda el motivo de la inmigración, de acusada presencia en el teatro español contemporáneo. La obra es la historia de un chantaje, el que utiliza el hombre bajo, apoyándose en la «ley» para obligar al forastero, al hombre alto, a hacer su voluntad. Como es inmigrante ilegal, si lo denuncia a las autoridades será expulsado del país. Uno es documentado y otro no. Los dos tienen pareja. Por la soledad, el hombre bajo obliga al alto a que le haga compañía... hasta

[34] Entrevista con Ana María Iglesia, «Juan Mayorga: «Necesitamos construir un personaje para vivir», en *Núvol,* el digital de la cultura, *L Apuntador,* en www.nuvol.com, de 13 de diciembre de 2013.

[35] La obra fue publicada, junto con *El sueño de Ginebra* y *El traductor de Blumemberg* en Madrid, Editorial La Avispa, 2003, y fue estrenada el 27 de noviembre de 2003 en el Teatro Guindalera, Madrid, bajo la dirección de Juan Pastor.

que lo convierte en esclavo. Le exige, por ejemplo, que lo acompañe a visitar animales nocturnos al zoo.

En relación con la interpretación del personaje, Juan Mayorga ha declarado que *Animales nocturnos* no es la misma obra si el personaje del Hombre Bajo está interpretado por un actor que tiene cara de malo que si lo hace uno de aspecto confiable.

Alejandro y Ana (título completo *Alejandro y Ana: lo que España no pudo ver del banquete de la boda de la hija del presidente*)[36] fue escrita por Juan Mayorga con la colaboración de Juan Cavestany y la representó la compañía Animalario bajo la dirección de Andrés Lima. Fue interpretada por cuatro actores (Alberto San Juan, Guillermo Toledo, Javier Gutiérrez y Roberto Álamo), que se desdoblan en algunos de los 1200 invitados que hubo en el convite de la hija de José María Aznar, contando entre ellos al novio, la novia, los padres, el obispo, las cocineras o los guardaespaldas. En relación con este asunto, Javier G. Yagüe, director de Escena Contemporánea, reivindicó la posibilidad de «criticar al poder político, sea de la tendencia que sea». Estas declaraciones surgieron a raíz de las críticas vertidas en algunos medios de comunicación sobre el uso del dinero público para financiar determinados montajes teatrales. «Siempre hemos tenido carta blanca para elegir la programación de este Festival, y espero que siga así», aseguró G. Yagüe. Los autores, y el actor Alberto San Juan, miembro de Animalario, explicaron que el «leiv motiv» de este montaje había sido una «indagación» sobre el pensamiento de derechas, encarnando a los personajes, sin llegar a hacer parodia.

[36] La obra obtuvo el Premio Max al Mejor Espectáculo de Teatro en 2004, y ese mismo año, *Animalario* consiguió el premio al mejor empresario teatral privado.

Fernando Doménech explica que el estreno de esta obra en el año 2003 «se convirtió en un éxito capaz de recorrer los escenarios de toda España levantando ampollas allí donde se representó. Se trata de una aguda farsa escrita con diabólica inteligencia por Juan Mayorga y Juan Cavestany que se atrevía a ahondar en la más rabiosa actualidad desde un punto de vista crítico»[37].

En *Hamelin,* que ha merecido, entre otros, los premios Max al Mejor Autor, Ercilla y el Quijote de la Asociación Colegial de Escritores, como en otras obras, Juan Mayorga entabla un proceso contra la sociedad. En su estreno en el Teatro de la Abadía, de Madrid, el 12 de mayo de 2005, con la dirección de Andrés Lima, los personajes fueron interpretados por el propio Andrés Lima en el papel de Acotador, Alberto San Juan en el de Josemari, Guillermo Toledo en el de Rivas, Blanca Portillo como Raquel, Javier Gutiérrez en el de Montero, Roberto Álamo en el doble papel de Paco y Gonzalo, y Helena Castañeda en los de Feli y Julia, la madre de la víctima y la esposa del juez. Todos realizaron un magnífico trabajo, tanto más elogiable si se tiene en cuenta la complejidad de algunos personajes y la ambigüedad de sus conductas. Tal es el caso del acusado de pederastia, interpretado por Guillermo Toledo, sobre cuya culpabilidad planean algunas dudas, o las del propio juez, interpretado por Javier Gutiérrez, que muestra con gran acierto las dos caras de una misma moneda: la del hombre que no tiene suerte en su vida familiar y la del funcionario comprometido con la búsqueda de la verdad: «En mi carrera he tenido que tomar decisiones difíciles, mil veces he dudado de mi vocación. De pronto tenía ante mí algo que justificaba mi vida como juez. Estaba

[37] Fernando Doménech, «Diez espectáculos del siglo XXI», *Acotaciones,* 28, enero-junio 2012, p. 196.

dispuesto a llegar al límite. Todavía lo estoy. Al límite, con tal de llegar a la verdad»[38].

La verdad intenta desvelarse también en *El chico de la última fila,* que obtuvo el premio Max al mejor autor[39]. Juan Mayorga construye aquí un mundo en un espacio muy concreto, sustentados sobre varios personajes. El mundo de *El chico de la última fila* comprende a la vez diversos mundos: el de la enseñanza y la escuela, el de la familia, el de las relaciones interpersonales...

Las referencias a la enseñanza son muy frecuentes en su teatro. La redefinición que realiza Mayorga del mundo de la educación nos lleva a pensar en algunas grandes obras fundadoras del género como *Emilio o De la educación* de Rousseau pero también en textos contemporáneos como *Mal de escuela* de Daniel Pennac. En *Emilio* lo primero que se propone formar es un hombre, y luego un cabeza de familia y un ciudadano. Sin obviar estos precedentes, Juan Mayorga hace suya la tesis de Walter Benjamin, según la cual «la escuela no debería ser el lugar de dominio de una generación sobre otra sino el lugar de encuentro entre generaciones». Con el mundo de la educación está profundamente imbricado el de la familia.

Engels en *Origen de la familia, de la propiedad privada y del Estado* (1884), a partir de notas inéditas de Marx y de los trabajos del etnólogo Lewis Morgan, expone las diferentes formas originales de familia y de los sistemas de parentesco, y muestra que la «gens» salvaje es la forma original de la familia tal como se encuentra luego en los griegos, los romanos, los celtas y los germanos.

38 Juan Mayorga, *Teatro 1989-2014,* op. cit., pp. 401-402.

39 La obra fue publicada por Ñaque en el año 2006 y estrenada bajo la dirección de Helena Pimenta el 14 de octubre de 2016 en el Teatro Tomás y Valiente de Fuenlabrada (Madrid).

Según Rafa, «A juicio de Aristóteles, la educación es demasiado importante para dejarla en manos de la familia», y Germán, el profesor, se pregunta si existe una familia «normal»: «¿No hay algo anormal, monstruoso incluso, en el concepto mismo de familia?»[40]. Del escenario de la familia se trasciende al mundo de las relaciones interpersonales, con un componente erótico, sobre todo en lo que atañe a Claudio y a Ester. La mirada de Claudio dirige la mirada de todos a la familia de Rafa y nos convierte en auténticos *voyeurs.* La mirada desvela los lados visibles y ocultos del espacio pero también penetra por las difíciles fronteras del tiempo. La mirada se relaciona con los espejos, de tan rica tradición mitológica, literaria y filosófica, y nos lleva desde lo más aparencial hasta los números imaginarios. Si a Germán y a Claudio les unen su amor a la literatura y sus discusiones sobre la naturaleza del arte, los vínculos entre Claudio y Rafa son la filosofía y las matemáticas. Claudio le explica a Rafa las cónicas, elipses, hipérbolas, números imaginarios..., cuestiones todas ellas cargadas de gran valor poético, según Mayorga. Todos estos asuntos se presentan mediante los procedimientos de historias alternas o cruzadas, líneas secantes o tangentes, que convierten la obra no en una simple yuxtaposición de escenas sino en una sabia articulación de secuencias. Para completar estas historias resulta fundamental el papel del receptor como ya indicaron los clásicos y nos han recordado Eco, Iser, Jauss y otros investigadores. Mayorga, en la línea de Bertolt Brecht, quiere hacer de cada espectador un crítico, que asuma la obra no como un tótem sagrado sino que le lleve a reflexionar sobre cómo ha sido construida, sobre sus intenciones y sobre la posición del propio receptor. Entre los

[40] Juan Mayorga, *El chico de la última fila,* Ciudad Real, Ñaque, 2006, pp. 56 y 42.

consejos que Germán da a Claudio, sobresale este: «Confía en el lector, él completará».

Atendiendo a todos estos elementos, la acción dramática se sustenta en una esencial narratividad, lo que ha facilitado la recreación fílmica llevada a cabo por François Ozon en *Dans la maison* (*En la casa*). Este film, ganador de la Concha de Oro del Festival de San Sebastián (2012), subraya la categoría de lo visual y recrea sabiamente lo que la obra teatral implica de *mise en abyme*, el carácter de obra que mira hacia sí misma y genera una multiplicación de espejos.

Los diálogos entre los personajes Germaine y Catherine, interpretados por Fabrice Luchini y Kristin Scott Thomas, recuerdan los Woody Allen y Diane Keaton en *Misterioso asesinato en Manhattan* y en otros films. Una obra teatral que subraya la *mise en abyme* justifica los diversos procedimientos metacinematográficos o metaficcionales de la recreación de Ozon, con referencias a películas, que en muchos casos ya aparecen en el texto de Mayorga, como *Teorema* (1968) de Pasolini o *El Graduado* (1967) de Mike Nichols. En *Dans la maison,* François Ozom subraya la atracción que ejerce Ester en Claude, lo que le sirve igualmente para reflexionar sobre las relaciones familiares e interpersonales. A su vez, la escena final de la obra de Ozon remite de forma muy sutil a *La ventana indiscreta* de Alfred Hitchcock. Todos estos ejemplos, más que influencias o préstamos pueden considerarse procedimientos metacinematográficos a la vez que homenajes a las películas y directores mencionados. Son numerosas las citas de textos literarios de autores rusos, americanos, franceses, entre ellos *Viaje al final de la noche* de Céline, en una de las escenas más violentas del film. El instituto donde trabaja Germain se llama Gustave Flaubert.

Ozon se ha referido a la presencia en su obra de la cinematografía de Ingmar Bergman, en concreto a *Fresas salvajes* y la considera también un tributo a Eric Rohmer, que fue profesor suyo cuando iba a la universidad. Desde la perspectiva de la teoría de los polisistemas de Catrysse y Toury, el cineasta Ozon aplica en su recreación fílmica las normas operacionales de simplificación, condensando los diálogos de los personajes, que en la obra teatral presentaban un mayor desarrollo[41].

Si *El chico de la última* es susceptible de análisis intertextuales e hipertextuales, algo parecido sucede con *La lengua en pedazos*, que mereció el Premio Nacional de Literatura Dramática 2013[42]. En una entrevista con Rafa Romero de Ávila, Juan Mayorga confiesa que lo primero que le atrapó de Teresa fue el lenguaje, el personaje, su carácter desobediente:

> ...creo que el mayor gesto de docilidad es aceptar acríticamente el lenguaje de los otros. Y el mayor gesto de insurgencia es construir tu propio lenguaje. Y Teresa construye el suyo propio. Y de algún modo la obra habla de esto, de cómo alguien a través de la lengua crea su mundo. Ella es radicalmente desobediente, tiene un proyecto en marcha, una voluntad muy firme pese a su mucha fragilidad. Y luego por otro lado creo que es interesante por lo que tiene de intempestivo, por lo que tiene de inactual. Uno de los campos que me ha permitido explorar este proyecto es el mundo de la creencia, de la fe. Vivimos en tiempos descreídos. No solo en credos religiosos, sino en ideas, en principios, en valores. Y en este sentido, ella explora su fe al mismo tiempo atravesada por

41 Para los trasvases entre teatro y cine puede consultarse: Francisco Gutiérrez Carbajo, *Teatro y cine. Teorías y propuestas,* Madrid, Ediciones del Orto, 2013.

42 Fue publicada en *Religión y cultura. En torno a Teresa de Ávila,* Madrid, Anthropos, 2010 y estrenada en el teatro Los Canapés de Avilés (Asturias), bajo la dirección del propio autor.

> dudas. Pero es una fe fortísima capaz de convertirse en acción, en sacrificio, y esto resulta interesante por lo inactual[43].

Los principios y los valores aparecen muy bien representados en *El crítico (Si supiera cantar me salvaría)*[44], por Volodia, un reputado crítico de teatro, que se encierra en su casa para escribir su reseña sobre el estreno al que acaba de asistir, y Scarpa, el propio autor, que, aunque ha obtenido el aplauso del público tras la representación, teme que el crítico más exigente no le conceda su reconocimiento y acude a visitarlo. Los personajes se mueven en el escenario como en un *ring* de boxeo, que es precisamente el argumento de la obra estrenada, y se propinan sus contundentes golpes dialécticos. El combate que establecen estos hombres no solo es el enfrentamiento de uno contra el otro sino también el de cada uno de ellos consigo mismo.

Juan Mayorga le dedica la obra «a Ricardo Doménech, maestro y amigo», y ha manifestado que empezó a escribirla como un homenaje a este maestro de la crítica. En la entrevista con Saúl Fernández confesaba su afecto e interés por la figura del crítico motivado quizá por Walter Benjamin, que fue también un crítico, aunque no teatral. La tesis de Benjamin versa sobre la crítica de arte en el Romanticismo alemán. Para los románticos, el crítico era un lector ampliado, alguien que, de algún modo, consumaba la obra. No era un juez, era otro creador. Este es el ideal que tengo de un crítico

43 Rafa Romero de Ávila, entrevista con Juan Mayorga, *Godot, Teatro y Danza / Dance & Theatre.* Vide: http://www.escenagodot.com/entrevistas/14-Juan-Mayorga#sthash.m8QT9Fa4.dpuf; fecha última consulta 29 de mayo de 2015.

44 La obra fue estrenada el 21 de septiembre de 2012 en el Teatro Guimerá de Santa Cruz de Tenerife bajo la dirección de Juan José Alfonso, y ese mismo año fue publicada en la *Revista de Occidente.*

–afirma Mayorga– y hay algunos que conozco que se aproximan a este ideal. Pero también hay críticos nefastos, como nefastos son algunos dramaturgos, actores o directores[45].

En *El cartógrafo (Varsovia, I: 400.000)* los personajes, como en *Hamelin*, nos transmiten el testimonio de uno de los acontecimientos más reprobables de la historia. Y Juan Mayorga ha sido pionero en desvelar y poner en escena estos acontecimientos. Así lo ha reconocido el prestigioso investigador alemán Wilfried Floeck:

> Juan Mayorga es el primer dramaturgo español que ha dedicado a la *shoah* dos obras dramáticas: *Himmelweg* (*Camino del cielo)* en 2003 y *El cartógrafo-Varsovia, 1:400.000* en 2010. Para Mayorga, el exterminio de los judíos representa el punto culminante en la aplicación de la violencia y de la deshumanización en el curso de la historia humana. Siempre es consciente de la singularidad de este acontecimiento bárbaro. El autor reflexionó profundamente sobre la problemática de una representación literaria de este tema. Frente a la conocida declaración de Adorno, según la que sería un acto bárbaro escribir poesía después de Auschwitz, él se siente conforme, más bien, con la réplica de Enzensberger, según la que la poesía no tendría que someterse a este veredicto[46].

Como en otras de las obras comentadas, el recurso de los personajes a los mapas funciona como metáfora de situaciones que no pueden tener en el teatro una representación fotográfica de la realidad. Por eso casi al final de la acción

[45] Juan Mayorga, entrevista con Saúl Fernández, en *La Nueva España,* 13 de diciembre de 2012.

[46] Wilfried Floeck, «La *shoah* en la era de la globalización. Juan Mayorga y el teatro de la memoria», *Don Galán, Revista de Investigación Teatral,* Centro de Documentación Teatral, nº 2, Madrid, 2012.

comenta Deborach que «lo último que se borrará es lo que nadie podría dibujar». Antes había explicado que «la cabeza es como un mapa rodeado de agua», y un poco más tarde afirma: «Ahí estaba el cuarto de mi padre, ahí mi cuarto, en el desván teníamos la mesa de los mapas»[47].

La manifestación escénica es comparada con la representación de los mapas: «En el teatro todo responde a una pregunta que alguien se ha hecho. Como los mapas»[48]; y en la última escena, constituida por una breve didascalia, un personaje que, pese a su poca edad, ha desempeñado un importante papel a lo largo de la acción dramática, subraya finalmente este tipo de representación: «La Niña elige una baldosa del suelo, la levanta; en el reverso de la baldosa hay marcas. La Niña saca un punzón y hace más marcas. Si diésemos la vuelta a todas las baldosas, las veríamos como cuadrículas de un mapa de Varsovia»[49].

Los mapas adquieren también un destacado protagonismo en *Los yugoslavos*[50]. Aquí los personajes encarnan las soledades y las equivocaciones de las personas en las grandes ciudades, y los mapas pueden ayudarlos a orientarse. Se trata, en este y en otros casos, no sólo de una orientación geográfica sino de una orientación psicológica y vital, como la que busca Martín para su mujer y también para su propia vida.

En una situación, que atendiendo al imaginario cervantino puede recordar *El curioso impertinente*, el camarero Martín, que ha oído cómo Gerardo, uno de los clientes, es capaz

[47] Juan Mayorga, *Teatro 1989-2014,* op. cit., p. 649.

[48] Ibídem, p. 648.

[49] Ibídem, p. 650.

[50] La obra, una coproducción de los teatros Bitef, Puls (de Lazarevac) y el Teatro Nacional (de Uzice), fue estrenada el 16 de diciembre de 2013, bajo la dirección del serbio Stevan Bodroza en el Teatro Bitef de Belgrado, y contó con el apoyo del Instituto Cervantes de Belgrado y de la Embajada de España en Serbia.

de levantar el ánimo de las personas, le propone que intente ayudar a su mujer: «Mi mujer no levanta cabeza y yo no sé qué decirle»[51]. Gerardo, como Lotario en la novelita intercalada en el *Quijote*, se resiste a intervenir y Martín insiste: «Lo único que le pido es que hable con ella. Unas palabras, solo eso»[52]. En una brevísima escena se nos presenta a Ángela, la mujer de Martín, sentada en una mesa, esperando: «*Ante ella, sobre la mesa, un mapa marcado*»[53]. En la escena siguiente Gerardo le detalla a Martín el recorrido que ha realizado, siguiendo a su mujer, los bares en los que ha entrado, guiada por un «mapa». Martín se sorprende al oír esta palabra y le pregunta: «¿Un mapa?» «Un mapa marcado», le contesta Gerardo. «No pude verlo bien. Supongo que las marcas serían los bares»[54]. A Gerardo no le parece que la mujer esté abatida, no cree que esté desorientada, pero el marido insiste: «¿Un mapa extranjero? ¿Un mapa de aquí pero con los nombres de los sitios en extranjero?»[55]. Gerardo le contesta que no puede confirmárselo puesto que no lo vio tan cerca.

En la escena décima Ángela y la Muchacha coinciden en un bar, cada una de ellas con un mapa en las manos. Habla solo la Muchacha y su discurso hace referencia a los lugares, a las equivocaciones y a las orientaciones: «Mucho tiempo llegando a lugares equivocados. Un lugar equivocado, otro más. Pero por fin ha ocurrido algo bueno. Un mapa dentro de otro mapa./ *Ofrece su mapa a Ángela. Pausa. Las mujeres intercambian sus mapas*»[56].

Mayorga ha comentado que si tiene un talento, es cierta capacidad de escucha, de escucha de los públicos, de escucha

[51] Juan Mayorga, *Teatro 1989-2014,* op. cit., p. 654.
[52] Ibídem, p. 653.
[53] Ibídem, p. 660.
[54] Ibídem, p. 662.
[55] Ibídem, p. 662.
[56] Ibídem, p. 674.

de los comentaristas, de los críticos, de los actores, de los directores, y en este acto de auténtica y profunda modestia, subraya las palabras del camarero: «Conozco mis límites».

La acción sigue en ocasiones la linealidad temporal y en otros casos avanza con analepsis y prolepsis. Los personajes se mueven en esta temporalidad paradójica, y ya casi al final Gerardo entra en el bar Los yugoslavos y le comenta a Ángela: «También yo me sentí defraudado cuando entré. A simple vista, este sitio no merecía figurar en ningún mapa. Pero lo cierto es que hay mapas que conducen a este lugar»[57].

A los mapas se hace también referencia en *El arte de la entrevista:* «Paula– ¿Ha visto si tiene un mapa de una ciudad alemana. Mauricio– Tienen un mapa. No me he fijado de dónde». Con Mauricio y Paula comparten el protagonismo en la obra, Cecilia y Rosa, y también una cámara de vídeo, que funciona como un auténtico personaje. La acción se desarrolla una tarde de verano en el jardín de una casa. Estamos, por tanto, ante un espacio y un tiempo reducidos, muy característicos de la novela y del teatro de nuestros días. El propio autor en el programa de mano sintetiza magníficamente el asunto de la obra y la relación entre los personajes:

> En *El arte de la entrevista* hay cinco personajes: tres mujeres, un hombre y una cámara de vídeo. Las mujeres, que viven bajo el mismo techo, son una anciana, su hija y su nieta; el hombre es un intruso; la cámara es una bomba. Un día que parece igual a cualquier otro, bajo el aspecto de instrumento para trabajo escolar, la cámara entra en la casa.
>
> A uno y otro lado de la cámara, las mujeres juegan a entrevistarse. Jugando, ríen y se hacen daño. Mucho daño. Una entrevista es una forma de diálogo que tiene sus propias reglas, la más importante de

[57] Ibídem, p. 678.

> las cuales es: yo pregunto, tú respondes y el silencio también es una respuesta. Una entrevista es un juego muy serio si se hace ante una cámara que la registra. Una entrevista es una navaja. En *El arte de la entrevista*, las entrevistas entran en conflicto, se hieren unas a otras. La cámara entra en la casa y la desestabiliza para siempre, resignificando todos los días anteriores de la vida familiar y haciendo que tres mujeres se vean como nunca antes se habían visto. La cámara convierte un día cualquiera en un día de dolor, pero también de esperanza. De esperanza hacia el futuro, desde luego, pero también de esperanza hacia el pasado. Cecilia, Paula y Rosa descubren que el pasado está tan abierto como el futuro. ¿Y el hombre? Ya lo he dicho: el hombre –como éste que firma– es un intruso[58].

Si en *El arte de la entrevista* la cámara de vídeo desempeña un destacado papel teatral, en *Reikiavik* el ajedrez puede considerarse una metáfora del propio teatro. Al igual que en *El crítico* y en otras obras de Mayorga, los personajes de *Reikiavik*[59] se enfrentan como en un combate de boxeo. Los protagonistas de este combate representan al ajedrecista soviético Borís Spassky y al norteamericano Bobby Fischer, que se batieron en un auténtico duelo en la capital islandesa en el verano de 1972. En aquello años este enfrentamiento se consideraba en algunos escenarios una representación del

[58] Juan Mayorga, programa de mano de *El arte de la entrevista,* estrenada el 20 de diciembre de 2013 en el Teatro Palacio Valdés de Avilés (Asturias), bajo la dirección de Juan José Afonso.

[59] La obra se estrenó el 27 de marzo de 2015 en el Teatro Palacio Valdés de Avilés (Asturias), dirigida por el propio autor. También bajo la dirección del autor, se ha representado en el Teatro Valle-Inclán de Madrid, del 23 de septiembre al 1 de noviembre de 2015.

desafío que en la esfera internacional libraban las dos grandes potencias mundiales: la Unión Soviética y los Estados Unidos de América. Como ha declarado el autor, con motivo de su representación en Madrid en septiembre del 2015, «*Reikiavik* no nos presenta lo que los historiadores pueden contarnos sobre lo sucedido en el 72, sino cómo lo reviven, transformándolo, dos hombres de nuestro tiempo ante un muchacho de nuestro tiempo y ante el espectador de nuestro tiempo». En la pieza se da voz a otros personajes como a la madre de Bobby Fischer, a la mujer de Borís Spassky, al Sóviet Supremo, a Henri Kissinger, que aparece en otras obras del teatro español contemporáneo, como en *El desguace* de Alfonso Vallejo, y también a psiquiatras –igualmente presentes en la dramaturgia de este último autor–, a analistas, a técnicos del tablero, etc.

No faltan las referencias intertextuales, como las que Bailén hace a la novela *El maestro y Margarita* del escritor ruso Mijaíl Bulgákov, que protagoniza *Cartas de amor a Stalin.* Tampoco están ausentes los grandes escritores rusos Tolstoi y Dostoievski y los pensamientos de Lenin reproducidos por los jugadores del ajedrez: «No hay teoría revolucionaria sin práctica revolucionaria, ni hay práctica revolucionaria sin teoría revolucionaria», «En política se aprende del enemigo», «Salvo el poder, todo es ilusión», «Es preciso soñar pero con la condición de creer en nuestros sueños»[60].

Los personajes de *Famélica,* declara el propio autor, son hombres que buscan la felicidad, una obra que escribió para la compañía La Cantera, en diálogo permanente con Jorge Sánchez, que se encargó de la dirección en el Teatro Lara de Madrid.

Enrico entra a formar parte de una sociedad secreta, de una red que lucha contra la amargura en los centros de tra-

[60] Juan Mayorga, *Teatro 1989-2014,* op. cit., p. 712.

bajo. Juan Mayorga confiesa que le apasiona el fantasma de las sociedades secretas, y que tiene la sensación de encontrarse en ese mundo cuando entra en unos grandes almacenes, en las redacciones de los periódicos, porque estos mundos esconden siempre diversos secretos. Según manifestaba el director Jorge Sánchez con motivo del estreno, «este mundo de imposturas y mentiras tiene mucho que ver con la vida cotidiana», y resulta de una gran rentabilidad para el teatro[61].

Comedia de ideas en formato de vodevil, califica esta pieza Javier Vallejo, según el cual Mayorga sostiene su obra sobre estas dos realidades: «la masa creciente de personas que, por supervivencia, desempeñan trabajos cuya finalidad última contradice sus ideas, y la proliferación de círculos cerrados, sociedades secretas y asociaciones sectarias»[62]. El crítico considera el texto de *Famélica* entre lo más logrado que ha escrito desde *El gordo y el flaco.*

Si las alusiones a animales son frecuentes en las obras de Juan Mayorga, algunas de ellas están protagonizadas por los que he denominado *animales no humanos*[63], como *Palabra de perro, Últimas palabras de Copito de Nieve, La tortuga de Darwin* y *La paz perpetua.* A esta última me referiré en un apartado posterior, subrayando la importancia del zoomorfismo en la historia de la cultura y en el teatro contemporáneo.

En *Palabra de perro,* una reelaboración de *El coloquio de los perros* de Cervantes, el contraste entre la humanización del animal y el hombre deshumanizado y animalizado se acompaña de la conexión entre lo real y lo ficticio, lo cultural

61 Rocío García, «Una sociedad secreta contra la amargura», *El País,* 22 de mayo de 2015.

62 Javier Vallejo, «Callad la revolución», *El País*, 27 de mayo de 2015.

63 Francisco Gutiérrez Carbajo, «El animal no humano en algunas obras teatrales actuales», *Anales de Literatura Española Contemporánea* 34.2, 2009, pp. 67-92.

y lo social, el teatro y la vida. Con todo ello, el autor logra remover las conciencias y denunciar que, en este mundo en el que se han conseguido las mayores cotas de desarrollo tecnológico y de bienestar, haya seres que viven –y mueren– por debajo del umbral de pobreza. Explica Juan Mayorga que ha invertido en su versión la flecha temporal: «Cipión y Berganza no entienden por qué hablan siendo perros y aquel propone a este que le cuente su vida hacia atrás, a ver si así descubren el origen de su hablar. Lo que Berganza descubre es algo terrible: no es un perro que habla, sino un ser humano que ha sido tratado como perro y había olvidado su humanidad –que recupera al contar su vida, a otro y a sí mismo–. De algún modo, *Palabra de perro* es una reescritura kafkiana de la novela cervantina»[64].

Con *Palabra de perro* presenta una cercanía conceptual la pieza *Últimas palabras de Copito de Nieve*[65], en la que nos encontramos a un mono separado de su hábitat natural y encerrado en un parque zoológico. Pero lo sorprendente de este caso es que el personaje que ha sido desarraigado de su espacio físico sea considerado por los medios políticos de la época como un signo de identidad. Frente al oso panda Chu Lin del parque zoológico de Madrid, el gorila albino Copito de Nieve de Barcelona. En la introducción a la obra, Juan Mayorga explica que no llegó a conocer en persona a Copito de Nieve, y aclara que cuando dice en «en persona» no se refiere a él mismo sino al gorila. El dramaturgo tuvo que contentarse con verlo por televisión, pero recuerda las pa-

64 Entrevista con Raquel Blanco y Ángel Talián en www.jotdown.es; fecha última consulta, 1 de agosto de 2015.

65 La obra fue publicada por la editorial Ñaque en el año 2004 y estrenada bajo la dirección de Andrés Lima el 22 de septiembre de 2004 en el Nuevo Teatro Alcalá de Madrid.

labras de un directivo del zoológico: «Copito de Nieve es mucho más importante que el oso panda del zoo de Madrid». No sabía entonces el dramaturgo que Copito de Nieve era mucho más que un mono. Lo comprobaría al leer la noticia de su muerte y las declaraciones del alcalde de la ciudad condal calificándolo de «ciudadano ejemplar». A este ciudadano le dedica la obra, y también al mono negro que lo acompaña, y al cuidador. Una obra «sobre la vida y la muerte, ¿por qué no? Al morir, el caballo relincha; el cisne canta, el mono filosofa». Casi al comienzo, el mono blanco se incorpora y le explica al público que ha leído mucho sobre la muerte en Sócrates, Séneca, Kierkegaard y Montaigne[66]. Interrumpe su discurso para hacer que nos fijemos en el mono negro y comenta que, comparado con él, casi parece humano. No mucho más espabilado es el cuidador que confunde, según Copito, a Montaigne con Montesquieu. El mono blanco, sin embargo, conoce muy bien su pensamiento y observa que nadie ha descrito, de una forma tan certera, la muerte, como Montaigne: «Según Montaigne, filosofar es aprender a morir. Por eso, Montaigne se acostumbró a tener a la muerte a todas horas en la imaginación y en la boca»[67]. Montaigne se convirtió en un archivero de la muerte y se habituó a no tenerle miedo. La muerte es menos temible que otra cosa: «La muerte es menos que el sueño, si la nada puede tener grados»[68]. El mono blanco expone las trece razones que aporta Montaigne por las que no debemos temer a la muerte: la primera, porque es inevitable; la segunda, porque no la conocemos, la tercera, porque ya estuvimos allí, etc. En la razón novena se recoge con una pequeña variante un razonamiento expuesto

66 Juan Mayorga, *Teatro 1989-2014*, op.cit., p. 374.
67 Ibídem, p. 376.
68 Ibídem, p. 376.

por Epicuro: «Cuando nosotros estamos, la muerte no está, y cuando la muerte está, nosotros no estamos»[69]. Al terminar de exponer las trece razones de Montaigne, el dolor crece en la lengua original del mono blanco, pero no desfallece y piensa que tiene que seguir. El guardián le prepara y le da un cóctel de analgésicos. El mono parece estar exponiendo su testamento, con un homenaje de respeto al difunto Chu Lin. Se siente solo, pero recuerda que ni Montaigne ni otros filósofos quisieron lamentos: cuando sollozaba su esposa, Sócrates pidió que la expulsasen del calabozo. Copito pide que lo dejen tranquilo y el guardián explica que le han afectado los medicamentos. El mono blanco se confiesa un actor: ha desarrollado un automatismo para complacer a todos, y a cada uno le da lo suyo. Como si se quitase una máscara, expresa al público su hostilidad, reprimida durante años y dice que ha engañado a todos, incluso al alcalde que ha llegado a declarar que «Copito ha sido el mejor ciudadano de Barcelona. El guardián argumenta que la cautividad tiene mala prensa porque la gente habla de oídas: los zoos han cambiado mucho. En el contexto de la guerra de Irak, como en *El escuchador de hielo* de Alfonso Vallejo, el guardián dice que tienen un manual para los que se resisten a cooperar: «*The Guantánamo Bible. Techniques for progress of western democracy*»[70].

El mono blanco se declara un especialista en imitar emociones humanas: alegría, odio, miedo... hay veintiún casos de miedos: él lo ha leído en las *Conferénces sur l'expression des passions* (1668) de Charles Le Brun, que probó que las pasiones del alma humana se reducen a veintiún casos de ex-

[69] Epicuro, *Carta a Meneceo. Máximas capitales,* ed. Rafael Ojeda y Alicia Olabuénaga, Madrid, Alhambra, 1985, pp. 47-48.

[70] Juan Mayorga, *Teatro 1989-2014,* op. cit., p. 378.

presiones faciales básicas. El mono blanco va realizándolas y el mono negro las repite parodiándolas, hasta que el blanco se da cuenta y le dice a su compañero que siempre ha envidiado su obscena espontaneidad, su zafia franqueza. Pero él ya no tiene nada que temer y recurre a una nueva cita de Montaigne: «El último día es el día de la verdad. Acaba la comedia y empieza la verdad. El actor se quita la máscara y queda el hombre». El mono blanco se dirige al mono negro, al guardián y al publico: «El que sabe morir, sabe vivir. El que aprende a morir, aprende a no servir. La muerte es la auténtica libertad»[71]. El guardián interrumpe su discurso, justo cuando pronuncia la palabra «¡hipócritas!» y le pone una inyección letal porque no está dispuesto a consentir que «el último día eche a perder tantos años de impecable trayectoria». Le inyecta una segunda dosis, y piensa donar sus órganos al Museo de la Ciencia, como último servicio a la ciudad: «Y lo de fuera lo embalsamaremos, como a Lenin»[72]. El mono blanco termina su vida con un recuerdo a Chu Lin y a Madrid, y cuando se dispone a hablar de Dios, cae desfallecido.

A Copito de Nieve se le aplicó, en efecto, la eutanasia por sentido humanitario y paradójicamente a las personas se les niega, como resaltó el director de la obra, Andrés Lima. Es la conducta hipócrita que denunciaba el mono blanco.

La misma fuerza que el gorila blanco presenta el reptil en *La tortuga de Darwin*, Premio Teatro de Rojas y el Max al mejor autor[73]. Juan Mayorga recorre buena parte de la escala

71 Ibídem, p. 382.

72 Ibídem, p. 383.

73 La obra fue publicada por la editorial Ñaque en el año 2008, y el 6 de febrero de ese mismo año se estrenó en el Teatro de la Abadía de Madrid, bajo la dirección de Ernesto Caballero. Ha sido reeditada en Juan Mayorga, *Teatro 1989-2014*, op. cit., y juntamente con *Hamelin*, por Emilio Peral Vega, Madrid, Cátedra, 2015.

biológica en su dramaturgia y aprovecha todas las virtualidades expresivas de los animales no humanos en escena.

En esta obra Juan Mayorga toma como personaje a Harriet, una de las cuatro tortugas que Charles Darwin transportó en el *Beagle* desde el archipiélago de las islas Galápagos hasta el puerto inglés de Falmouth en 1835. Como en el caso de Copito de Nieve, la obra tiene su germen en una noticia periodística. El dramaturgo lee en el recorte de un diario que se celebraba el 175 cumpleaños de Harriet y se dispone a dramatizar la historia: a narrar escénicamente el viaje de la tortuga por la convulsa Europa de los siglos XIX y XX. Juan Mayorga cuenta con el impulso y la colaboración de Ernesto Caballero, que se encarga de poner la obra en escena.

La tortuga fue fundamental para que Darwin elaborase su *Teoría de las especies*, que sirvió para explicar de forma científica la continuidad de la cadena biológica. La evolución mono-hombre, demostrada por la teoría darwiniana, suprimió el vacío que separaba ambas esferas y transformó lo que se consideraba una diferencia de naturaleza en una diferencia de grado. La teoría evolucionista es aprovechada por Freud, que considera fundamental la ruptura de la frontera arrogantemente levantada entre el hombre y la bestia. Freud toma la idea de que todo organismo repite los estadios de su evolución, volviendo a escenificar la historia de las especies en el proceso de individuación y la aplica a la interpretación de los sueños.

A partir de Darwin vienen sosteniéndose las tesis monistas[74], que defienden la continuidad entre las especies, frente a las tesis dualistas que propugnan una diferencia de naturaleza entre hombre y animal.

74 Armelle Le Bras-Chopard, *Le Zoo des philosophes,* París, Plon, 2000, pp. 10-16.

En la obra de Juan Mayorga no se establece esta diferencia, y la longevidad de la tortuga le da ocasión para narrar, desde el prisma de los que viven y sufren la historia, los acontecimientos sucedidos en casi doscientos años. «Por lo visto –declaró Mayorga con motivo del estreno de la obra– Harriet disfrutó de una vida bastante tranquila, pero yo la imaginé escapando del jardín de Darwin, arrastrándose hasta la agitada Londres y luego, cruzando el Canal de la Mancha para, en el continente, proseguir un viaje que duraría hasta hoy. Imaginé a una tortuga de casi doscientos años que ha sobrevivido a once papas y a treinta y cinco presidentes norteamericanos, a dos guerras mundiales, a la Revolución de Octubre y a la Perestroika. Un animal, que habiendo tenido que adaptarse una y otra vez a las más diversas circunstancias, ha evolucionado hasta ser casi una persona, o hasta ser algo más que una persona. Un testigo extraordinario que ha vivido la Historia desde abajo, a ras de tierra»[75].

Harriet ha seguido escrupulosamente las leyes de la adaptación descritas por Darwin y ha evolucionado hasta adoptar la apariencia de una anciana y ser capaz de caminar, de hablar y de pensar. Es un archivo histórico viviente y a la vez un extraordinario caso de estudio para la ciencia. Por eso se la disputan un médico y un historiador, dispuestos a aprovecharse de esta tortuga-mujer y a cubrirse de gloria.

Cuando Harriet decide volver a sus Galápagos natales, cierra el pacto con el historiador: ella le cuenta todo lo que ha conocido en su vida, acontecimientos históricos como la revolución industrial, el ascenso del nazismo, la revolución rusa, la guerra civil española, la caída del muro de Berlín... El historiador, a cambio, le conseguiría el ansiado viaje de retorno.

[75] «Juan Mayorga busca a “La tortuga de Darwin” en las Islas Galápagos», *ABC*, 31 de enero de 2008.

Algunas de las atrocidades que se ponen en escena vendrían a explicar que si los animales no humanos han evolucionado, los humanos, por el contrario, parecen haber involucionado. Harriet proclama la necesidad del imperativo ético de la memoria, y comenta que la suya es tan dura como una segunda concha. Su memoria le recuerda que tiene una deuda con los muertos y que «olvidarlos sería darles una segunda muerte».

En *La tortuga de Darwin* se han señalado ecos de Kafka, de Ionesco, de Bulgákov, pero la pieza también está emparentada conceptualmente con obras de José Ruibal, de Fernando Arrabal, de Fiódor Dostoievski y con *La paz perpetua* del propio Juan Mayorga.

Los personajes, representados por animales humanos o no humanos, son construcciones del autor, que se complementan con la enciclopedia de cada espectador, y aunque adquieren vida propia y singular en cada una de las diversas funciones, remiten a personajes que existen o que podrían existir en lo que denominamos «realidad». Como ha expresado muy bien Enrique Llovet, «un personaje es alguien creado por un autor, convocado en una determinada circunstancia y revelado en una precisa coyuntura, que existe íntegramente, completamente más allá del tiempo y del espacio en que le hemos sorprendido actuando, de igual manera que el ser humano tiene una vida más larga y profunda que la que le conocemos a través de los roces y encuentros fortuitos de nuestras vidas»[76].

[76] Enrique Llovet, «Prólogo a *Hiroshima-Sevilla 6.A,* de Alfonso Vallejo», en Francisco Gutiérrez Carbajo, (Coord.), *Teatro de Alfonso Vallejo (1989-2015),* Madrid, Didot, 2015, p. 197.

EL UNIVERSO ESPACIO-TEMPORAL

En el teatro los personajes desarrollan su acción en el escenario, en el espacio, que es donde todos los elementos teatrales alcanzan su mayor potencialidad semántica y expresiva. Este grado de estimación adquirido por el espacio contribuye sin duda a que muchos autores lo consideren el elemento básico del género dramático, aquel en el que el drama adquiere su máxima especificidad. El espacio fue definido por Platón en el *Timeo* como receptáculo, y en Aristóteles este concepto encuentra su tratamiento en las conexiones de los lugares con la *mimesis*.

Para entender cabalmente la representación del espacio, deben completarse las concepciones de teóricos como Maurice Blanchot[77], Gerard Genette, y Iuri Lotman, con las tesis filosóficas, partiendo de los clásicos citados y llegando hasta nuestros días.

El filósofo Juan Mayorga conoce muy bien las reflexiones sobre el espacio de los grandes autores y las aprovecha como dramaturgo para la construcción de sus obras. Por eso en algunas de ellas se asocia el espacio a la idea de extensión defendida por los empiristas Hume, Locke..., y en otras, en la línea de Leibniz[78], que se adelanta en esto a la estética trascendental kantiana, se concibe el espacio como «un orden de coexistencia de datos». Su práctica escénica ilustra perfec-

[77] Maurice Blanchot, *L'espace littéraire*, París, Gallimard, 1955; Gerard Genette, *Figures, III*, París, Seuil, 1972 y Iuri Lotman, *La structure du texte artistique*, París, Gallimard, 1973,

[78] Gottfried Wilhelm Leibniz, *Nuevos ensayos sobre el entendimiento humano* (1765), trad., de J. Echeverría, Madrid, Alianza Editorial, 1992.

tamente la tesis de Gaston Bachelard, para quien «nada es evidente. Nada es dado. Todo es construido»[79].

Por otra parte, la distinción que establece Ernst Cassirer entre «espacio mítico» y «espacio geométrico»[80], adquiere un valioso rendimiento en la dramaturgia mayorguiana.

El «espacio geométrico» o la representación geométrica del espacio, y no sólo la de los mapas, es una de las grandes y originales contribuciones de Mayorga al teatro de nuestros días. Al hablar de los personajes, he aludido a esa cartografía, que el propio autor ha subrayado en sus entrevistas: «En la obra que estoy escribiendo ahora, que se llama *El cartógrafo* (una obra sobre espacios y sobre mapas), un personaje, una vieja cartógrafa, dice: "A mí me gusta más el teatro que el cine, porque el teatro es semejante a la cartografía, mientras que el cine es como la fotografía". Viene a decir que en una foto, como en una película, pueden aparecer elementos imprevistos, no controlados, mientras que en un mapa todo lo que aparece corresponde a una pregunta que se ha hecho el cartógrafo. Lo mismo se puede decir acerca del teatro»[81].

Los espacios escénicos en el teatro de Juan Mayorga van desde lo más oscuro de un sótano a la luminosidad de los parques, pasando por hospitales, campos de concentración, casas, bares, escuelas, despachos, monasterios, trenes, zoos, etc.

En *Siete hombres buenos* la acción se desarrolla en un sótano que almacena cajas de distintas formas y tamaños. El mobiliario está constituido por una mesa larga, ocho sillas,

[79] Gaston Bachelard, *La formación del espíritu científico,* Barcelona, Planeta-Agostini, 1985.

[80] Ernst Cassirer, *Filosofía de las formas simbólicas,* México, FCE, 1976.

[81] Ruth Vilar y Salva Artesero, «Conversación con Juan Mayorga», *Pausa,* 32, en www.salabeckett.cat/fitxers/pauses/pausa-32/coner.-juan-mayorga.- rut-vilar-i-salva-artesero; fecha de consulta: 5 de junio de 2015.

un teléfono y un aparato de radio. El ventanuco, que da a la calle, deja adivinar lo que hay en ella. No mucho más luminoso es el espacio en *Más ceniza*, donde destacan el colchón de cama de matrimonio y la ceniza. Una habitación de hotel con una cama de matrimonio es también el espacio en *El Gordo y el Flaco*.

De esos espacios estáticos pasamos al dinámico de un tren en marcha en *El traductor de Blumemberg*. Las estaciones y los trenes han sido de un gran rendimiento en la poesía y sobre todo en la novela y en el cine. La novela de Bohumil Hrabal, *Trenes rigurosamente vigilados*, y la correspondiente adaptación cinematográfica de Jirí Menzel constituyen algunas de sus muestras más ejemplares. En el teatro, sin embargo, la presencia de la estación y del tren es menos significativa, aunque no faltan ejemplos como en *El cero transparente* y en *Ébola-Nerón* de Alfonso Vallejo, en *Trenes que van al mar* de Luis Araújo y en esta obra de Juan Mayorga. En *Himmelweg* se escucha de vez en cuando el ruido de un tren, y en *La tortuga de Darwin* Harriet se sube a un tren al enterarse de que el *Titanic* va a hacer escala en el norte. Un poco mas adelante en esta misma obra el Profesor toma un tren y le pregunta a Harriet hacia dónde se dirige. Harriet le contesta que todavía no lo sabe, que se ha subido a ese tren sin saber adónde va.

A veces los personajes pierden la noción del espacio, como las tortugas marinas que en las islas del Pacífico, tras recibir las radiaciones atómicas, perdieron el sentido de la orientación y en lugar de regresar al mar se internaron cada vez más en el interior, camino de la muerte[82].

[82] Estas escenas fueron filmadas por Gualterio Giacoppetti en su película *Mondo Cane* (*apud* Marina Mayoral, «Se equivocó la Paloma de Rafael Alberti», en AA.VV., *El comentario de textos*, Madrid, Castalia, 1973, p. 341).

Esta pérdida de la conciencia del espacio puede llevar al personaje a preguntarse dónde está, si se encuentra dentro o fuera de la ciudad, como le sucede a la Niña en *Angelus Novus*. Uno de los espacios de esta obra es un autobús vacío, y, atendiendo al recurso citado de la cartografía y a una proyección, en la escena octava se enciende una pantalla en que aparece un mapa térmico de la ciudad. Borkenau puede modificar el espacio en la pantalla, haciendo que se detenga la imagen como sucede con la imagen congelada en el cine o bien amplificando un detalle[83].

El espacio se concentra en la casa en varias obras de Mayorga. En *Cartas de amor a Stalin* está representado por el domicilio de los Bulgákov, en *Animales nocturnos* uno de los escenarios es la casa, y en la vivienda de Martín y Ángela se desarrollan algunas escenas de *Los yugoslavos*. En *El crítico (si supiera cantar me salvaría)* Scarpa acude a la casa de Volodia, y los domicilios familiares constituyen algunos de los escenarios de *El chico de la última fila*. En esta obra adquiere especial relevancia el escenario de la escuela, un espacio no muy visitado en el teatro, y tampoco en otros géneros, excepto en el ensayo. En las aulas universitarias se centran varias novelas, pero en enseñanzas primaria y secundaria constituye una excepción el libro coordinado por la profesora Isabel Cantón Mayo, *Narraciones de escuela* (2009), en el que algunos de los más significativos novelistas actuales relatan su experiencia en las aulas[84]. Mayorga, que compatibiliza su labor de creación y de investigación con la docencia, se refiere a la enseñanza en varias de sus obras. En *Palabra de perro* Berganza sentencia: «Hay quien dispara latines no sabiendo conjugar los verbos castellanos. Pero peca más el

[83] Juan Mayorga, *Teatro 1989-2014*, op. cit., p. 193.
[84] Isabel Cantón Mayo, *Narraciones de escuela,* Barcelona, Davinci Editorial, 2009.

que dice latines ante quien los ignora que quien los dice ignorándolos». En *Últimas palabras de Copito de Nieve* el mono blanco demuestra conocer bien las enseñanzas de Sócrates, Séneca, Kierkegaard y Montaigne y en *La paz perpetua* reciben una magnífica interpretación las teorías de Kant.

Las escuelas suelen limitar a veces con los parques, y en estos escenarios se desarrollan otras escenas de *El chico de la última fila* y varias obras de Mayorga. En un banco del parque charlan un hombre y una mujer jóvenes en *Himmelweg,* y en *Animales nocturnos* la mujer baja y el hombre alto dialogan también sentados en un banco del parque. La acción se traslada luego a otros espacios como el zoo, recinto en el que se desarrolla la acción de *Últimas palabras de Copito de Nieve.*

El teatro, que en Mayorga de forma muy especial es el arte de la palabra, encuentra en los escenarios de los bares espacios muy propicios para desarrollar ese discurso. A los bares acuden los personajes de *Animales nocturnos* y en el bar de Martín y en otros bares discurren las vidas de los personajes de *Los yugoslavos.* Y si aquí desempeña un papel muy importante la cartografía, esta se convierte en protagonista en *El cartógrafo,* «una obra sobre espacios y sobre mapas», según las palabras del autor reproducidas con anterioridad.

De estos espacios aparentemente festivos nos trasladamos a otros más severos y graves como al despacho del profesor en *La tortuga de Darwin* o el monasterio de San José en *La lengua en pedazos* o a los escenarios siniestros y terribles de los campos de concentración, como en *Himmelweg.*

En *Hamelin* el acotador va señalando los escenarios y en *Rekiavik* los espacios con nombres propios adquieren una especial relevancia. Aparecen lugares como Ámsterdam, Dortmund, París, Belgrado, Sarajevo, Buenos Aires, Montreal, y cuando Waterloo pregunta por qué han de celebrarse doce partidas de ajedrez en Rekiavik, Bailén le contesta:

«Mira el mapa, Bobby. Está más o menos entre Washington y Moscú»[85].

En esta y en el resto de las obras el espacio está unido al tiempo y cuando no se sabe, por ejemplo, si uno se encuentra dentro o fuera de la ciudad, como en *Angelus Novus,* también puede trastocarse el tiempo: «de día o de noche»[86].

El espacio está hermanado con el tiempo y se transforma con el. La idea del «todo fluye y nada permanece» de Heráclito de Éfeso está asociada no sólo a la dimensión espacial sino también y principalmente al vector temporal. Platón en el *Cratilo* es el primero que presenta las tesis de Heráclito, y Aristóteles en su *Metafísica* comenta estos argumentos, aunque no se muestra enteramente convencido de que lo que viene admitiéndose como opinión heracliteana sea en realidad lo que dijo Heráclito. Al tiempo, junto con el espacio, dedica el estagirita el libro IV de su *Física.* En esta importante obra analiza el tiempo con criterios y métodos propios de la filosofía y de las ciencias de la naturaleza, y, al igual que Platón, asocia tiempo y movimiento.

Como Aristóteles, los pensadores Kant y Hegel relacionan el tiempo con el espacio. Si para Kant, ambas categorías constituyen formas *a priori* de la sensibilidad, Hegel, en su *Fenomenología del espíritu* nos invita, entre otras cosas, a la experiencia explícita del reconocimiento del tiempo y de nosotros mismos a través de las figuras de la conciencia y del pensamiento objetivadas por medio de la reflexión[87].

Con estos y con otros importantes referentes filosóficos, Mayorga afirma que «finalmente, quien reescribe es, a través

[85] Juan Mayorga, *Teatro 1989-2014,* op. cit., p. 735.

[86] Ibídem, p. 212.

[87] Georg Wilhelm Friedrich Hegel, *Fenomenología del espíritu* (1807), trad. W. Roces, México, Fondo de Cultura Económica, 1966.

de ti, el tiempo. Es el tiempo quien tacha, quien te revela que tal frase, tal momento o tal personaje son superfluos o merecen ser desarrollados. Es el tiempo el que tacha o despliega, el que desengrasa o desangra»[88].

Porque es el tiempo quien «reescribe»; el espacio es presentado con frecuencia en su teatro mediante metáforas temporales, pero a veces también el tiempo se representa con metáforas espaciales: «Lo más importante del espacio es el tiempo», dice el Anciano en *El cartógrafo*[89].

Tanto el tiempo de la historia como el tiempo del discurso se plasman en las obras de Mayorga a través de códigos verbales, aunque en la representación haya códigos extraverbales como el decorado o el vestuario que constituyen acertados indicadores de la época y de la situación.

El tiempo de la historia se resalta especialmente, aunque no de forma exclusiva, en aquellas obras de carácter histórico, que pueden remitir a un tiempo más o menos lejano o a un tiempo casi contemporáneo. El teatro histórico se ha cultivado siempre, aunque en los últimos tiempos ha alcanzado una mayor representación, al igual que sucede con los estudios teóricos sobre esta modalidad dramática.

Como trabajos clásicos, ya he citado en otras ocasiones los de Menéndez Pelayo[90] sobre este asunto, el importante

88 Juan Mayorga, entrevista con Raquel Blanco y Ángel Talián en *Jot Down.es, Contemporary culture mag.* https://es-es.facebook.com/jotdown/posts/854684997889559; fecha de última consulta: 6 de junio de 2015.

89 Juan Mayorga, *Teatro 1989-2014*, op. cit., p. 611.

90 En orden de aparición: Marcelino Menéndez Pelayo, «La historia considerada como obra artística» y «El drama histórico», en *Estudios y discursos de crítica histórica y literaria. Obras Completas,* Santander, Aldus/ CSIC, 1942, vol. VII; Georg Lukács, *La novela histórica* (1936), Madrid, Grijalbo, 1976; Herbert Lindenberger, *Historical Drama: The Relation of Literature and Reality,* Chicago,

capítulo de Lukács dedicado al drama en su obra *La novela histórica,* el libro de Herbert Lindenberger, *Historical Drama* y las reflexiones de Walter Benjamin diseminadas en sus escritos y en numerosas páginas de su tesis de habilitación *El origen del drama barroco alemán,* trabajos bien conocidos por Juan Mayorga, y algunos de ellos, como los de Benjamin amplia y atinadamente analizados. Con posterioridad se publican otras investigaciones, como las de Ruiz Ramón[91], Elfraki, Romera Castillo, Gutiérrez Carbajo, Kurt Spang, Iolanda Ogando, etc., que han desarrollado diversos aspectos teóricos sobre esta modalidad teatral. La recreación o dramatización ficcional de la historia constituye siempre un reto, que se plantea con una voluntad decidida de interpretar la realidad, de desvelar los mecanismos que contribuyen a que esa historia sea de una forma y no de otra.

Toda construcción histórica supone una determinada semiotización de la realidad y la que lleva a cabo Juan Mayorga encierra una voluntad decidida de representar algunos

University of Chicago Press, 1975; Walter Benjamin, *El origen del drama barroco alemán,* trad. José Muñoz Millares, Madrid, Taurus, 1980 y *Obras,* Madrid, Abada Editores, 2006.

91 En orden de aparición: Francisco Ruiz Ramón, «Introducción al drama histórico contemporáneo», en *Estudios de teatro español clásico y contemporáneo,* Madrid, Fundación Juan March / Cátedra, 1978; «El drama histórico», en *Celebración y catarsis (Leer el teatro español),* Murcia, Universidad de Murcia, 1988, pp. 165-185; «Pasado/ presente en el drama histórico», *Estreno,* XIV, 1988, pp. 22-23; S. Elfraki, *Le théâtre historique pendant la première moitié du XXe siècle,* París, Université de la Sorbonne, 1988 ; Kurt Spang, *El drama histórico: teoría y comentarios,* Pamplona, EUNSA, 1998; José Romera Castillo y Francisco Gutiérrez Carbajo, *Teatro histórico (1975-1998). Textos y representaciones,* Madrid, Visor-Libros, 1999; Iolanda Ogando, *Teatro Histórico: construcción dramática e construcción nacional,* A Coruña, Biblioteca-Arquivo Teatral «Francisco Pillado Mayor», 2004.

de los aspectos aparentemente más singulares y cotidianos de la realidad, siempre con el referente y el telón de fondo de la historia.

La historia puede estar representada por la España del siglo XVI, como en *La lengua en pedazos*; los campos de concentración en *Himmelweg;* Varsovia, «entre 1940 y la actualidad», en *El cartógrafo;* los escenarios terroristas de las tres últimas décadas y los terribles centros de reclusión como los de Guantánamo o los de Abu Ghraib, que están en la capa latente de *La paz perpetua;* la España de finales de los años setenta en *El jardín quemado* o la más reciente de noviembre del 2002 en *Alejandro y Ana: lo que España no pudo ver del banquete de la boda de la hija del presidente,* etc.

Por diversos tiempos históricos se transita en *La tortuga de Darwin,* en la que el Profesor no duda en afirmar que «la Historia es una ciencia» y proclama la «objetividad»[92]. En esta obra, en la que constituye un referente fundamental la *Historia de la Europa contemporánea* del Profesor, se marcan fechas como la del 1808 en la que debió de nacer Harriet, la de 1836 en la que salió de las islas Galápagos, la de 1882 en la sección de necrológicas de *Le Figaro,* en el caso Dreyfus en 1894, la llegada del *Titanic* a Cherbourg el 10 de abril de 1912, la revolución de octubre de 1917 en Moscú, el bombardeo de Guernica en abril de 1937 que relata Harriet: «Llegué a España huyendo de la catástrofe que veía venir, sin saber que la catástrofe se estaba ensayando allí, en España. Pensaba que en la guerra del 14 ya había visto todo, pero no: me falta presenciar un bombardeo aéreo sobre población civil»[93].

Harriet le comenta al profesor la relación entre Stalin y Trotski, y cómo Lenin, antes de fallecer, advirtió al partido

[92] Juan Mayorga, *Teatro 1989-2014*, op. cit., p. 484.
[93] Ibídem, pp. 497-498.

contra Stalin. Añade que existió una cita histórica entre alemanes y soviéticos, e insiste en que ella estuvo allí. El profesor le argumenta que «el pacto Hitler-Stalin fue negociado por los ministros de Asuntos Exteriores von Ribentrop y Mólotov. Ribentrop lo firmó en Moscú en nombre de Hitler. No hubo un encuentro personal entre Hitler y Stalin»[94].

Con una atención especial al tiempo, el Doctor dibuja en un cronograma hipotéticas fases de evolución de Harriet, de tortuga a mujer: Guernica, Auschwitz...

Mayorga tiene muy en cuenta, en la representación del tiempo, las teorías filosóficas señaladas, así como el concepto de tiempo vivo de Spengler como destino e historia, la tesis de la temporalidad de Heidegger, en la que se considera que el *tiempo* no es la antítesis del *ser*, que el *ser* es ya devenir[95]. Por esta complejidad, seguramente afirma que «en teatro, el tiempo es lo más difícil. No basta decir: «Han transcurrido diez días». O decir: «La tarjeta lleva una hora sobre la mesa». En teatro, el tiempo sólo puede crearlo el espectador. Si el espectador quiere, la tarjeta lleva una hora sobre la mesa, junto al teléfono»[96].

A Juan Mayorga le preocupa mucho dejar testimonio de la historia, de los tiempos que han trazado nuestra trayectoria vital porque, como diría Emilio Lledó, «somos lo que hemos sido», que se completa con la afirmación de Caballero Bonald: «Somos el tiempo que nos queda». Es necesario, por tanto, traer el tiempo pasado a nuestro presente, hacer contemporáneos los

94 Ibídem, p. 498.

95 Martin Heidegger, *El ser y el tiempo* (1927), trad., J. Gaos, México, Fondo de Cultura Económica, 1993.

96 Carlos Iván Córdova, «El Acotador en Hamelin de Juan Mayorga o el cazador y el flautista según el Acotador», en *Gaceta Frontal. Gaceta digital de crítica y cultura.* http://gacetafrontal.com/2014/04/07/el-acotador-en-hamelin-de-juan-mayorga-o-el-cazador-y-el-flautista-segun-el-acotador; fecha de consulta, 7 de junio de 2015.

hechos pasados de nuestro propio tiempo, para, en definitiva, vencer el tiempo: «Todos los hombres son tus contemporáneos, también los hombres del pasado. Bulgákov, Teresa de Jesús, los judíos que fueron víctimas del holocausto –todos ellos personajes de alguna de mis obras– son mis contemporáneos, y también los hombres del futuro. Escribo también para ellos, con la ambición de que mis textos venzan al señor tiempo»[97].

Este tiempo de la historia se transforma en el teatro de Mayorga en tiempo del discurso y de la representación, gracias a procedimientos como resúmenes, condensaciones, elipsis, etc.

Por ejemplo, el Acotador marca elipsis indeterminadas, según la terminología de Genette, en *Hamelin* («en los días siguientes»), en *Los yugoslavos* («Al rato vuelve con los zapatos de Ángela») y en otras obras.

El desarrollo de la acción no sigue siempre una linealidad temporal sino que recurre en ocasiones a analepsis y prolepsis en *La tortuga de Darwin* y en otras muchas piezas. En algunas escenas se indica el tiempo de forma precisa, como en *Himmelweg:* «El reloj de la estación marca las seis en punto», «El reloj sigue marcando las seis en punto». Para medir el tiempo, el Humano pone en marcha un cronómetro, como en *La Paz perpetua.* En otros casos no se indica una hora precisa sino simplemente si se trata de día o de noche, como en *El crítico* («De noche. Volodia entra en su casa...») o un espacio temporal entre el día y la noche, como en *La lengua en pedazos* («Cocina del monasterio de San José, al atardecer»).

La indicación temporal puede venir señalada por el recurso de la personificación: «Les he telefoneado personalmente uno a uno para pedirles que viniesen a esta hora,

97 Entrevista con Julio Bravo, en *ABC,* 28 de mayo de 2014.

mientras la ciudad duerme. Precisamente de eso se trata: de lo que pasa mientras la ciudad duerme»[98].

En el tratamiento del tiempo, adquieren una gran importancia las pausas, marcadas por la brevísima acotación de «silencio», cuya rentabilidad expresiva ha sido resaltada por el propio Juan Mayorga. Estos recursos se emplean con profusión en *El chico de la última fila,* en *El crítico,* en *La lengua en pedazos,* en *El traductor de Blumemberg,* etc. En *Animales nocturnos* la pausa a veces se prolonga mediante la acotación de «largo silencio», y en *Cartas de amor a Stalin* con la de «pausa larga».

EL PROTAGONISMO DEL LENGUAJE

Juan Mayorga resalta el valor del silencio precisamente cuando habla del lenguaje o del discurso verbal, el vehículo esencial en su dramaturgia y en el teatro en general. El autor confiere las máximas potencialidades al lenguaje, a la palabra, al *logos*, que, según Aristóteles, es lo que nos habilita como humanos en la sociedad civil.

Desde las numerosas perspectivas desde las que puede ser analizada la palabra dramática de Juan Mayorga, son especialmente relevantes las de la semiótica, la teoría de «actos de habla» y la pragmática, que cuentan con los antecedentes de Aristóteles, Marx, Saussure, Frege, Morris, Russel y Peirce[99]. La pragmática resulta de singular importancia para el análisis del discurso teatral, ya que este desarrolla toda su potencialidad en la representación. La representación es posible porque hay un mecanismo enunciador que la pone en marcha,

[98] Juan Mayorga, *Teatro 1989-2014*, op. cit., p. 387.
[99] François Armengaud, *La pragmatique,* París, PUF, 1985.

que hace que los personajes hablen en el escenario, y a su vez el receptor o el espectador, en consonancia con su horizonte de expectativas o su enciclopedia particular, pueda rellenar los posibles huecos del discurso del enunciador y realizar la correspondiente interpretación. Juan Mayorga deja deliberadamente huecos para que los complete el actor y los directores, y presta especial atención a la relación entre el enunciador y el receptor, que en definitiva constituye una puesta en práctica de lo que defiende en sus trabajos teóricos y en sus entrevistas: «Un texto teatral ha de estar lleno de agujeros a completar y de minas a explotar por el actor y los directores»[100].

El autor delega su voz en el actor, y llama con toda propiedad pacto teatral al diálogo que se establece entre el actor y el espectador: «Me parece que efectivamente es en el doble fingimiento del actor y el espectador, en ese pacto implícito conforme al que este se hace solidario de las mentiras de aquel, donde reside la esencia misma del hecho teatral, su posibilidad última y su extraordinaria fuerza. El corazón del teatro es ese ingenuo acuerdo que se establece entre el cómico y quien lo mira...»[101].

Insistiendo en la función del actor, Mayorga ha comentado la impresión que le produjo un intérprete británico, en una lectura dramatizada en el Royal Court de Londres de la versión inglesa de *El jardín quemado,* cuando le preguntó si su personaje, un poeta republicano que iba a ser víctima de la guerra civil, era de extracción social humilde, como Miguel Hernández, o burguesa, como García Lorca. La pregunta le

[100] Ruth Vilar y Salva Artesero, «Conversación con Juan Mayorga», *Pausa*, 32, en www.salabeckett.cat/fitxers/pauses/pausa-32/coner.-juan-mayorga.- rut-vilar-i- salva-artesero, fecha de consulta 7 de junio de 2015.

[101] Juan Mayorga, «El pacto teatral», en *aisge*: www.aisge.es/juan-mayorga, fecha de consulta 7 de junio de 2015.

llevó a releer el texto y a cuestionarse si debía introducir o no un signo que lo aclarase o si, por el contrario, «era mejor seguir con la duda y dejar la respuesta a la responsabilidad del actor»[102].

La teoría de los actos de habla, que constituye la gran aportación de la filosofía analítica a la teoría lingüística[103] y las tesis de Bajtín constituyen un valioso instrumento para analizar estos aspectos y en general el funcionamiento de la palabra en la escena.

Con la teoría de los actos de habla, John Langshaw Austin desvaloriza la lógica verificacionista y, más que considerar si un enunciado es verdad o no, atiende fundamentalmente al grado en que este se adecua a las circunstancias en las que es emitido[104], al contexto de la representación. En coherencia con ello, Juan Mayorga «convoca al espectador para asistir a un misterio que tiene que ver con lo que John L. Austin llama valor *performativo* del lenguaje: en el escenario, lo que se dice *es*, «si el espectador quiere, claro»[105].

Los personajes de Mayorga potencian en la representación tanto el «contenido proposicional» del discurso como su «fuerza ilocutiva»[106], y desarrollan el «principio de cooperación», como base de toda actividad comunicativa[107].

Desde la perspectiva semiótica, puede interpretarse el lenguaje de Mayorga y el del teatro en general, como un sis-

102 Entrevista con Julio Bravo en *ABC*, el 28 de mayo de 2014.

103 José Domínguez Caparrós, *Teoría de la Literatura,* op. cit. p. 393.

104 John L. Austin, *Palabras y acciones. Cómo hacer cosas con palabras,* Buenos Aires, Paidós, 1971, p. 145.

105 Claire Spooner, Prólogo a Juan Mayorga, *Teatro 1989-2014,* op. cit., p. 14.

106 John R. Searle, *Actos de habla,* Madrid, Cátedra, 1980.

107 Herbert Paul Grice, «Logic and conversation», en P. Cole y J. L. Morgan (eds.), *Syntax and Semantic. Speech Acts,* Nueva York, Academic Press, 1975, pp. 41-58.

tema dentro de otro sistema. Es decir, el sistema lingüístico integrado por el discurso del autor y por el de los personajes, con sus funciones sintácticas y sus valores semánticos, reclama un marco pragmático para constituir el hecho teatral como sistema general[108]. Este sistema se actualiza en la representación gracias a los actores y al director de escena, decoradores y tramoyistas, y ha de completarse con las diversas presuposiciones e inferencias conjeturales del público. Con mayor exigencia que cualquier otro texto, el discurso teatral textual y el discurso teatral espectacular reclaman el papel del receptor-espectador, que, a través de su proceso de interpretación, construye, como diría Umberto Eco, mundos actuales y posibles[109].

En esta línea, Martínez Bonati define el discurso teatral como una acción esencialmente pragmática: «Caracteriza al drama como tipo de obra literaria frente a la lírica y a la narración, la ausencia del «hablante básico único», y que en él pertenezcan todos los hablantes al mismo plano. Estos hablantes dramáticos son personas cuyo discurso es esencialmente una acción pragmática y nunca simplemente 'informativo' como el del narrador épico o simplemente 'expresivo' como el del hablante lírico»[110].

El estudio de la naturaleza y del funcionamiento de la palabra teatral implica una labor hermenéutica en la que están involucradas, entre otras operaciones, como ya se ha señalado, la interpretación y la recepción, es decir, las estrategias de la exégesis y el proceso semiótico de apropiación de la materia discursiva por la escena.

[108] Francisco Gutiérrez Carbajo, *Teatro contemporáneo. Alfonso Vallejo*, Madrid, Ediciones UNED, 2001, p. 161

[109] Umberto Eco, *Interpretación y sobreinterpretación,* Cambridge, Cambridge University Press, 1995, p. 17.

[110] Félix Martínez Bonati, *La estructura de la obra literaria*, Barcelona, Seix Barral, 1972, p. 130.

En esta labor hermenéutica, Ludwig Wittgenstein en su *Tractatus lógico-philosophicus* (1921) argumenta que las proposiciones elementales del lenguaje son combinaciones de nombres y que el «nombre *significa* el objeto»; y, por lo tanto, la forma del lenguaje *es* la forma misma del mundo[111].

Juan Mayorga pone estos argumentos de Wittgenstein en boca del Inquisidor en *La lengua en pedazos:* «De lo que no se puede hablar, más vale callar. Las palabras ni siquiera son sombras de aquellas cosas. Si la lengua dijera verdad sobre el cielo o el infierno, se rompería en pedazos»[112].

Para Derrida, la teoría logocéntrica es milenaria, y él, en una vuelta de tuerca más, propugna desprenderse de esa ontología que hace de la escritura un elemento auxiliar y exige una nueva manera de interpretar los textos, que prescinda de toda presencia exterior al texto mismo[113]. Nos encontraríamos así con que todo el peso recaería en el intérprete, en el lector o en el espectador, que sería el único responsable no sólo de la interpretación del texto sino también de la donación o incluso de la construcción del sentido. A este respecto, Umberto Eco, que en *Opera aperta* hablaba de esa apertura significativa de las diversas manifestaciones artísticas y defendía el papel activo del intérprete en la lectura de textos dotados de valor estético, en escritos posteriores, como *Los límites de la interpretación* o en *Interpretación y sobreinterpretación* ha subrayado que la idea de «semiosis ilimitada» de Peirce no debe conducirnos a la conclusión de que la interpretación carezca de criterios[114].

111 Ludwig Wittgenstein, *Tractatus lógico-philosophicus* [1921], trad. J. Muñoz e I. Reguera, Madrid, Alianza Editorial, 1987.

112 Juan Mayorga, *Teatro 1989-2014*, op. cit., p. 562.

113 Jacques Derrida, *De la gramatología*, Madrid, Siglo XXI, 1976.

114 Umberto Eco, *Los límites de la interpretación*, Barcelona, Lumen, 1992 e *Interpretación y sobreinterpretación*, Cambridge, Cambridge University Press, 1995.

Para Mayorga, la interpretación es fundamental, lo que sucede es que no la concibe como obra de un intérprete único sino como una labor de colaboración entre el autor, el actor, el director de escena, los técnicos y el espectador. Suscribiría así la afirmación de George Steiner de que «en ausencia de la interpretación no habría cultura (...) solo un silencio sin eco a nuestras espaldas»[115].

Este silencio es distinto del que reclama Juan Mayorga, junto al valor de la palabra:

> Me pregunto si mis obras no están escritas para hacer escuchar el silencio. El silencio de los niños –rodeados de adultos que hablan por ellos– en *Hamelin*, el silencio de Rebeca antes y después de cantar en la última escena de *Himmelweg*, el acto sin palabras con que Enmanuel responde el monólogo del Ser Humano en la escena final de *La paz perpetua*, el silencio del Inquisidor cuando se recoge en oración en *La lengua en pedazos*, el silencio de Bulgákov en una casa invadida por la voz del tirano al final de *Cartas de amor a Stalin*, el silencio final del Hombre Alto en *Animales nocturnos*, el silencio del Hombre Estatua en la última escena de *El jardín quemado*...
>
> El teatro, arte de la palabra, es también el arte del silencio. En teatro, el silencio se escucha. Se pronuncia[116].

En la dramaturgia de Juan Mayorga se ha resaltado especialmente el arte de la palabra o del verbo, y acorde con ello

[115] Georges Steiner, *Después de Babel. Aspectos del lenguaje y la traducción*, México, FCE, 1980, p. 48.

[116] Juan Mayorga, entrevista con Raquel Blanco y Ángel Talián, en *Jot Dowm. Contemporary culture mag.* https://es-es.facebook.com/jotdown/posts/854684997889559; fecha de consulta, 7 de junio de 2015.

Claire Sponner titula los cuatro capítulos que integran el «primer acto» o la primera parte de su tesis: «dramaturgia del verbo», «el verbo visible», «el verbo en acción» y «las palabras, los cuerpos en escena»[117].

Los mismos títulos de las obras de Mayorga revelan ya el valor que adquiere la palabra en su dramaturgia: *La lengua en pedazos, Últimas palabras de Copito de Nieve, El traductor de Blumemberg, El crítico, Cartas de amor a Stalin, El arte de la entrevista...*

El Guardián en su primer parlamento en *Últimas palabras de Copito de Nieve* manifiesta que Copito de Nieve quiere hablar, y en la didascalia se confirma que va a pronunciar su discurso: «Por fin, habla al público –a veces, con tan poca energía que casi resulta inaudible; otras, con renovado brío»[118].

En *La tortuga de Darwin* Harriet descubre los primeros cambios en la señora Schumann por sus palabras: «Lo primero que cambió fue su lenguaje. Ahí empieza siempre todo, en las palabras. Lo he visto en todas partes: las palabras preparan muertes, las palabras matan. Las palabras marcan a la gente que hay que eliminar...»[119]. En esta misma obra el doctor analiza el aparato fonador de la tortuga y encuentra que las cuerdas vocales son semejantes a las del mono. Le pregunta cuándo comenzó a hablar y Harriet contesta que la primera frase no la dijo hasta los ciento treinta años de edad, pero que tres meses después construyó frases gramaticales correctas, al año domina el pretérito de subjuntivo y en 1945 pronuncia su primera oración en voz pasiva: «Una gran bomba

117 Claire Spooner, *Le thêatre de Juan Mayorga: de la scéne au monde à travers le prisme du langage,* Toulouse, Université de Toulouse, présentée et soutenue le mardi 9 juillet, 2013.

118 Juan Mayorga, *Teatro 1989-2014,* op. cit., p. 374.

119 Ibídem, p. 497.

ha sido arrojada sobre una isla»[120]. En *El gordo y el flaco,* los personajes «repasan los movimientos correspondientes al diálogo que acaban de pronunciar»[121], analizando sus «actos de habla».

En *El traductor de Blumemberg* Calderón reitera lo que se ha comentado con anterioridad sobre el alemán como la patria del lenguaje y menciona la conferencia «sobre la no traducibilidad de la tercera elegía de Hölderlin»[122].

Mayorga resalta el valor de la palabra, subrayando su potencia y sus límites: «la palabra que ahora vuelve a dominar la escena no es aquella que todo lo dice porque todo lo sabe, sino una palabra insuficiente y dañada. Una palabra herida, incapaz de hacerse cargo de este mundo, y sin embargo, capaz de mostrar –más que de decir– otros mundos... En las fronteras de nuestro lenguaje se hacen visibles otros lenguajes, otros mundos. No es opacidad, sino una nueva transparencia lo que llega a escena»[123].

[120] Ibídem, pp. 499-500.

[121] Ibídem, p. 271.

[122] Ibídem, p. 122.

[123] Juan Mayorga, «Romper el horizonte: la misión de José Sanchis Sinisterra», en José Sanchis Sinisterra, *La escena sin límites,* Ciudad Real, Ñaque, 2002, p. 27.

CARTAS DE AMOR A STALIN[124]

En *La tortuga de Darwin* Harriet le comenta al profesor la relación entre Stalin y Trotski, y le explica que Lenin, antes de fallecer, advirtió al partido contra Stalin, una advertencia que seguramente conocía Mijaíl Bulgákov. Los personajes de Juan Mayorga se conocen muy bien unos a otros, y, lejos de encerrarse en su propia subjetividad mantienen siempre una relación abierta y solidaria con los demás. Si todo texto –en el mosaico de citaciones que, según Julia Kristeva, constituye la esencia de la intertextualidad– se erige en un diálogo con otros textos, este recurso se potencia especialmente en las obras de Juan Mayorga. La producción, la traducción o la interpretación de un texto depende de la enciclopedia parti-

[124] Puestas en escena: 1) 8 de septiembre de 1999, Teatro María Guerrero –Madrid–, con dirección de Guillermo Heras, en una producción del Centro Dramático Nacional; 2) 2 de noviembre de 2000, Sala Beckett -Barcelona-, con dirección de José Sanchis Sinisterra; 3) 29 de marzo de 2004, Centro de Arte Lía Bermúdez –Maracaibo, Venezuela–, con dirección de Guillermo Heras; 4) 23 de marzo de 2007, Sornotas Aretoa de Amorebieta, con dirección de Paco Obregón; 5) 6 de julio de 2007, Centro Cultural de la Cooperación –Buenos Aires–, con dirección de Enrique Dacal; 5) 25 de septiembre de 2008, Teatro Jovellanos –Gijón–, con dirección de Gemma de Luis; 6) 17 de diciembre de 2008, Teatro Victoria –Talavera de la Reina–, con dirección de Helena Pimenta; 7) 20 de agosto de 2011, Espacio Teatro –Montevideo–, con dirección de Eduardo Cervieri; 8) 20 de abril de 2012, Teatro Abanico –Miami–, con dirección de Alberto Sarraín; 9) 16 de mayo de 2012, Teatro Juan del Encina –Salamanca–, con dirección de Zoe Martín; 10) 14 de septiembre de 2012, Compañía Nacional de Teatro, Teatro Casa de la Paz –México DF–, con dirección de Guillermo Heras.
Lectura dramatizada: 9 de junio de 2015, Instituto Cervantes –Nueva York–, con dirección de Pietro González.

cular de cada autor, y esta enciclopedia es tan amplia, tan rica y variada en este dramaturgo, que en cada texto se encuentran apelaciones a todos los asuntos importantes del arte, de la ciencia, de la filosofía y de la vida.

Relaciones intertextuales, por tanto, las que se mantienen en *Cartas de amor a Stalin* pero también relaciones de hipertextualidad, según la teoría de Gerald Genette. En este sentido *La isla púrpura* de Mijaíl Bulgákov constituiría el hipotexto y las cartas que el autor ruso escribe al dictador serían el hipertexto, que a su vez funcionaría como hipotexto de la obra *Cartas de amor a Stalin* de Juan Mayorga. El propio escritor ruso reconoce que el punto de partida de una de sus cartas es *La isla púrpura.* Entre otros referentes del texto de Mayorga, junto a los escritos que Bulgákov dirige a Stalin, se reelaboran también algunos de Evgueni Zamiatin.

Por el destacado papel que en la representación desempeñan estos escritos, la obra de Mayorga participa de la estructura del género epistolar. Benedetto Croce comentaba que los géneros no son más que fantasmas vacuos, y en un sentido semejante se mostraba don Miguel de Unamuno y en tiempos más cercanos Zvetan Todorov. A pesar de ello, si hemos de seguir manejando la clasificación en géneros, aunque sólo sea como criterio metodológico y de ordenación mental, la estructura polifónica de *Cartas de amor a Stalin* permite adscribir una de sus voces a esa modalidad genérica. El género epistolar ya fue cultivado por los clásicos, ha seguido practicándose en las diversas etapas de la literatura y ha conocido un nuevo florecimiento en nuestros días. El teatro ha sido quizá el que se ha mostrado más renuente a la utilización de este tipo de discurso aunque tampoco lo ha olvidado. En mi edición del *Teatro breve actual,* atendiendo a sus formas discursivas, abordé ya la modalidad epistolar, con referencia, entre otras obras, a *Carta* de José Sanchis Sinisterra, *Carta de amor a Mary* de Alonso de Santos, *Cartas de amor a Stalin* de Juan Mayorga y *Carta de amor* de Fernando Arrabal, que ya escribió *Carta al General Franco* en vida del dictador, y que en 1999 estrenó en Tel Aviv la citada *Carta de amor,* representada posteriormente en Madrid, Barcelona, París, Moscú, Nueva York, Buenos Aires, etc.[125]

Aunque Rico Verdú sitúa el nacimiento del género epistolar en Roma[126], coincido con Genara Pulido en que es de justicia citar a Homero (*Ilíada,* VI), Heródoto y las cartas apócrifas de Aristóteles y Demóstenes[127]. En la tradición filosófica y literaria, no conviene olvidar tampoco las *Cartas* de Epicuro a Pitocles, sobre los meteoros; a Heródoto, sobre física y a Meneceo, sobre ética. Merecen igualmente atención las trece cartas atribuidas a Platón, de las cuales la séptima parece incontestable, en la que expone con todo detalle sus tres viajes a Sicilia, la *Epistola ad Pisones* de Horacio, las *Cartas a Lucilio* de Séneca, las *Epístolas familiares* de Antonio de Guevara, las *Cartas a la Princesa Isabel,* la hija de Federico V, de René Descartes; la *Carta sobre la tolerancia* de John Locke, las *Cartas desde la montaña* de Jean-Jacques Rousseau, las *Cartas persas* de Montesquieu, las *Cartas marruecas* de José Cadalso, la *Carta sobre el Humanismo* que escribe Martin Heidegger en respuesta a las cartas de Jean Beaufret, etc.

En la literatura ocupan un lugar destacado las *Cartas literarias a una mujer* de Bécquer, las de Juan Valera en *Pepita Jiménez,* las de Frank Kafka a su padre, a Milena, y a Felice, las siete cartas de James Joyce a Nora Barnacle, las cartas a

[125] Francisco Gutiérrez Carbajo, ed. *Teatro breve actual. Modalidades discursivas,* Barcelona, Edhasa (Castalia), 2013.

[126] José Rico Verdú en «La epistolografía y el *Arte nuevo de hacer comedias*», México, *Anuario de Letras,* 19, 1981, pp. 133-162.

[127] Genara Pulido, «La escritura epistolar en la actual encrucijada genérica», Madrid, *Signa,* 10, 2001, pp. 435-447.

Vera de Vladimir Nabokov, las de Pessoa a Ofélia, etc. Ha sido aprovechado igualmente el género epistolar en *La nueva Eloísa* de Rousseau, *Las amistades peligrosas* de Choderlos de Laclos, etc.

Una señal del interés que despierta este género son los trabajos de investigación que en los últimos años se han realizado sobre los epistolarios, así como los números monográficos que les han dedicado algunas publicaciones[128].

En cuanto a la teoría sobre este asunto, Luis Beltrán Almería ha analizado las estéticas de los géneros epistolares[129] y Genara Pulido los ha delimitado en «la actual encrucijada genérica».

Uno de sus rasgos más singulares aparece ya señalado por Claudio Guillén: «La carta, y ello es decisivo, procura no suprimir el requisito de veridicidad. De tal suerte se va produciendo y estableciendo la ilusión de no ficcionalidad epistolar, que, a diferencia de otras, supone de manera específica la copresencia en un mismo entorno –más o menos amplio por supuesto– del receptor de la carta»[130].

Desde de mi punto de vista, en la literatura epistolar se mantiene la ficcionalidad, no se apela a la verificación empírica, aunque su supuesto receptor –y aquí sí que radica su principal singularidad– es más concreto y determinado que en el resto de los géneros. Este receptor al que se apela en la carta, interviene incluso en la redacción de la misma en la obra de Mayorga, lo que constituye, como luego se verá, un indudable acierto.

128 Vid., «Epistolarios y literatura del siglo XX», *Monteagudo,* nº 3, Universidad de Murcia, Murcia, 1998.

129 Luis Beltrán Almería, «Las estéticas de los géneros epistolares», *1616,* X, 1996, pp. 239-246.

130 Claudio Guillén, «La escritura feliz: literatura y epistolaridad», en *Múltiples moradas. Ensayos de Literatura Comparada,* Barcelona, Tusquets, 1998, pp. 177-233, p. 187

En los escritos literarios epistolares, como en cualquier espacio ficcional, asistimos a la desaparición implícita de la idea de verdad factual o de ilusión referencial.

El teatro epistolar es un constructo ficcional, aunque el receptor al que va dirigida la misiva determina la actitud del emisor. Es decir, el cómo se escribe depende en gran manera de a quién se escribe. El receptor, como señala el propio Mayorga, participa de algún modo en la escritura, escribe también el texto.

La figura de Stalin determina el tratamiento y los diversos rasgos de estilo de las cartas de Bulgákov así como la recreación dramática que con gran tino lleva a cabo Juan Mayorga.

La escritura epistolar presenta ciertas analogías con la escritura autobiográfica, aunque en esta no se apele directamente al receptor. Pero si las biografías y las autobiografías clásicas estaban condicionadas por ser actos cívicos políticos de glorificación o de autojustificación pública de personajes reales[131], en el género epistolar, y de forma muy especial en el de Bulgákov no se intentan mostrar ejemplos de conducta ni extraer conclusiones generales. En la recreación de Juan Mayorga, el discurso es aún más abierto y coincide con Umberto Eco en que el «texto es una maquina perezosa que exige del lector un arduo trabajo cooperativo para colmar espacios de «no dicho» o de «ya dicho»[132].

Huyendo de los maniqueísmos, Bulgákov evita la glorificación y a la vez la demonización de la persona de Stalin, lo que ha conducido a que su postura se considere a veces vacilante. La figura del demonio en la obra es un recurso de la sátira. Si la crítica oficial vio en *La isla púrpura* y en otros textos del autor un atentado contra el régimen staliniano, el autor,

131 Mijaíl Bajtín, *Teoría y estética de la novela,* Madrid, Taurus, 1989, p. 284.

132 Umberto Eco, *Lector in fabula,* Barcelona, Lumen, 1981, p. 39.

sin embargo, suscribe la afirmación de la prensa alemana cuando consideró la obra como la primera llamada a la libertad de expresión que tuvo lugar en la Unión Soviética.

El médico Bulgákov, de cuya experiencia profesional constituyen un buen testimonio *Apuntes de un médico rural*, inicia su actividad literaria con los relatos humorísticos *Apuntes en los puños* y la prosigue con *La guardia blanca,* una novela en la que presenta la historia de una familia rusa blanca durante la guerra entre bolcheviques y blancos en torno a Kiev y el pacto final, no deseado pero urgido por la necesidad de unificación, tras la victoria de los bolcheviques. De esta obra realiza la adaptación teatral, *Los días de los Turbin* que es rechazada por la crítica oficial como una apología de la clase zarista y que entusiasmó a Stalin, que la vio quince veces, y que, sin duda contribuiría a que la vida de Bulgákov no terminase de una manera trágica. La representación tuvo lugar en el Teatro de Arte de Moscú, bajo la dirección de Stanislavski, al que hay abundantes referencias en las cartas de Bulgákov y en la obra de Mayorga. En su *Novela teatral,* Bulgákov ataca duramente a Stanislavski, de quien se distanciará a raíz del montaje de su obra sobre Molière.

Las siguientes piezas, *El apartamento de Zoika* y *La isla púrpura,* fueron retiradas en pleno éxito por lo que tenían de sátira de la nueva sociedad, como el propio autor comenta en sus cartas. *La huida,* autorizada en principio para su representación en el Teatro de Arte de Moscú, fue prohibida posteriormente durante el montaje. En 1929 le comunica a Stalin que acaba de enterarse de que han sido vetadas las representaciones de *Los días de los Turbin* y de *La isla púrpura* y que las autoridades han retirado *El apartamento de Zoika* después de 200 representaciones[133].

[133] Mijaíl Bulgákov y Evgeni Zamiatin, *Cartas a Stalin,* Madrid, Veintisiete letras, 2010.

Estas y otras situaciones aparecen representadas en *Cartas de amor a Stalin* de Juan Mayorga, resaltando los aspectos de la sátira. Partiendo de la acepción de «censurar acremente o poner en ridículo a personas o cosas», que el diccionario de la RAE le atribuye a la sátira, Mayorga considera que la mejor caracterización que le conviene a Bulgákov es la de satírico. Un creador de sátiras. Bulgákov supo encontrarle los aspectos ridículos al régimen que resultó de la Revolución de Octubre, lo que «no significa que fuese un contrarrevolucionario. En su obra no defiende una alternativa a aquel régimen. No es propio del satírico ofrecer alternativas a aquello que satiriza»[134].

Mayorga compara la actitud de Bulgákov con la que Walter Benjamin observa en Karl Kraus[135] y considera que Kraus viene a ser a la Viena burguesa lo que Bulgákov a la Moscú comunista. Ninguno de los dos puede ser confundido con esos literatos que buscan la risa a través del menosprecio. Bajo la acritud de Bulgákov, como bajo la de Kraus, hay aquello que Benjamin llama «odio moral». Odio contra la hipocresía, contra el disimulo, contra la impostura. Odio contra el enmascaramiento, contra la desfiguración.

Para Linda Hutcheon, la sátira «tiene como finalidad corregir, ridiculizándolos, algunos vicios e ineptitudes del comportamiento humano»[136], pero Walter Benjamin y Juan Mayorga avanzan un paso más y resaltan el odio del satírico «contra el lenguaje inauténtico, contra la frase hecha, contra la escritura

134 Juan Mayorga, «Bulgákov, la necesidad de la sátira», en *Nueva Revista,* nº 66, Universidad Internacional de La Rioja, diciembre de 1999, pp. 134-141.

135 Walter Benjamin, «Karl Kraus», *Gesammelte Schriften,* 7 vols., ed. y notas de R. Ttedemann y H. Schweppenhauser, Suhrkamp, Frankfurt am Main, 1991, pp. 334-367.

136 Linda Hutcheon, *«Ironie, satire, parodie*: une approche pragmatique de l'ironie », en *Poétique,* 46, 1981, pp. 140-155.

convertida en magia negra. Contra el tráfico de palabras como «humanidad», «libertad», «educación» o «socialismo» cuando encubren el sacrificio de la razón o de la vida. Contra la palabrería optimista bajo la que se camufla el empobrecimiento material y moral de muchos hombres».

En una de las primeras escenas Bulgákov le dice a Stalin que, aunque en la Unión Soviética la sátira es perseguida como un delito, como un crimen, como un acto terrorista, él nunca renunciará a la sátira: «Hacer sátira es penetrar en zonas prohibidas. No hay zonas prohibidas para un verdadero artista».

Más adelante, en la escena 6 afirma rotundamente: «Un artista que calla no es un verdadero artista». Y en la última escena se pone en boca de Stalin: «Qué más quisiéramos los camaradas y yo que la Unión Soviética estuviese llena de verdaderos artistas (...) No habrá verdadero arte mientras el pueblo sea como un niño cuya inocencia hay que proteger».

La función del artista ante la sociedad y ante el poder constituye, por tanto, uno de los asuntos nucleares de la obra. El propio Juan Mayorga la ha definido como «una meditación sobre la necesidad que tiene el artista de ser amado por el poder, necesidad tan fuerte como la que el poder tiene de ser amado por el artista»[137]. En este mismo contexto explica que se trata de una historia de amor en la que participan un hombre, una mujer y el diablo. Son numerosas las ocasiones en las que se hace referencia al diablo, una figura de acusada presencia en la literatura y en el arte[138], y que adquiere un

[137] Juan Mayorga, «Nota previa del autor a *Cartas de amor a Stalin*», Madrid, *Signa,* nº 9, 2000, pp. 211-251.

[138] Pueden consultarse, entre otros trabajos, los siguientes: Pablo César Moya, *Los siervos del demonio,* Madrid, UNED, 2000; Arsenio Moreno Mendoza, «La figura del demonio en el teatro y la pintura del Siglo de Oro español», *Atrio*, 15-16, 2009-2010, pp. 149-156; Carmelo Lisón Tolosana, *Demonios y exorcismos en los Siglos de Oro. La España mental I*, Madrid, Akal, 1990, p. 81.

destacado protagonismo en *El maestro y Margarita* de Bulgákov. En esta novela el autor hace aparecer al diablo ante dos sorprendidos ciudadanos en un bulevar de Moscú a finales de los años treinta y lo describe con gran minuciosidad, y desde la perspectiva de la sátira. En las notas marginales del manuscrito de *El maestro y Margarita* aparecen varios nombres propios del diablo como Mefistófeles, Asmodeo, Lucifer, pero Bulgákov seguramente eligió el nombre de Voland para evitar posibles asociaciones literarias[139].

En la escena 5 de *Cartas de amor a Stalin*, Bulgákov le explica al dictador que la prensa oficial ha detectado en todas sus obras una intención diabólica[140]. En la escena siguiente Bulgákova se queja de que todo el mundo la mire «como si estuviese casada con el mismísimo demonio». En la escena 7 la mujer le comenta al escritor que le da miedo dejarlo solo: «Es como si esta casa estuviese endemoniada. Como si el demonio estuviese suelto por la casa».

Bulgákov mira a su mujer y, con el procedimiento de la repetición al que se refiere Claire Spooner, reitera tres veces el mismo pensamiento: «Como si el demonio estuviese suelto por la casa». En la escena siguiente es el propio Stalin el que hace referencia a este personaje: «...Así que ahora escribes de noche, como el diablo (...) Yo sabía que me ocultabas algo. Y trata sobre el diablo, ¡qué interesante!». Más adelante, Bulgákov le comenta a Stalin que durante años Zamiatin compartió con él el papel de diablo. Al final de esta escena Bulgákova descubre un manuscrito y le pregunta a su marido si se trata de la segunda parte de *La guardia*

139 Mijaíl Bulgákov, *El maestro y Margarita,* Madrid, Debate, 1990, nota del traductor, p. 76.

140 El término «diabólica» de la primera edición es sustituido en *Teatro 1989-2014*, op. cit., p. 232, por el «maligna», pero en esta edición ha vuelto al término de «diabólica».

blanca y de qué trata la obra. Bulgákov le contesta: «Del diablo. Estoy escribiendo sobre el diablo».

En la escena 9 Stalin se interesa por la pieza que Bulgákov está redactando, «aquella obra sobre el diablo», y el propio dictador resume el argumento: «una obra muy interesante en su planteamiento. Confusa, sin embargo, en su desarrollo. El arranque es magnífico: un hombre y una mujer a los que visita el diablo (...) La imagen central es formidable: el diablo paseándose por Moscú, entrando en las casas de la gente...». Como en *El maestro y Margarita,* el diablo llega a ser un personaje familiar.

Sin embargo, sobre todo en los regímenes dictatoriales, el diablo, y las prácticas de la demonización no tienen un carácter simbólico sino que se convierten en instrumentos de control, de marginación y en numerosos casos de aniquilación de los ciudadanos. Como Bulgákov conoce esas prácticas, entra en un proceso paranoico que está a punto de llevarlo a su propia destrucción. En *El maestro y Margarita* se utiliza al diablo y a su banda para poner en ridículo al asfixiante aparato administrativo y social de la burocracia y del poder soviético.

Ese mismo clima irrespirable y el proceso de denigración y difamación que está sufriendo el escritor es el que le relata en las cartas al dictador[141], y que Juan Mayorga reproduce y recrea dramáticamente con su maestría habitual:

> Estimado camarada: Mi obra *La huida*, cuyo estreno estaba previsto para el próximo septiembre, ha sido prohibida durante los ensayos. Las representaciones de *La Isla Púrpura* han sido prohibidas. *Los días de los Turbin*, después de trescientas representaciones,

141 Mijaíl Bulgákov y E. Zamiatín, op. cit.

> ha sido prohibida. *El apartamento de Zoika*, después de doscientas representaciones, ha sido prohibida. Así pues, mis cuatro obras teatrales se encuentran prohibidas. La edición de mis relatos ha sido prohibida, igual que han sido prohibidos mis ensayos. La lectura pública de *Las aventuras de Chichikov* ha sido prohibida. La publicación de mi novela *La guardia blanca* en la revista *Rossia* ha sido prohibida. No tengo ánimos para vivir en un país en el que no puedo ni representar ni publicar mis obras. Me dirijo a usted para pedirle que se me devuelva mi libertad como escritor (*Pausa.*) o se me expulse de la Unión Soviética junto con mi esposa.

Más tarde le comunica que la mayoría de artículos publicados sobre él son injuriosos, que en la revista *Izvestia* se le califica como «un perro que rebusca en la basura», que su obras han recibido comentarios corrosivos del *Pravda,* que el *Komsomolskaia* lo llama «burgués que lanza escupitajos ponzoñosos, pero impotentes, sobre la clase trabajadora», que en definitiva quieren borrarlo, suprimirlo, tacharlo, enterrarlo en vida, que es lo que supone para un escritor el hecho de no poder escribir.

Guillermo Heras se pregunta si «bajo estas condiciones de falta de libertad, ¿se puede escribir dando rienda suelta a un mundo propio alejado de los fantasmas de la autocensura o de la tortura cierta de la censura?»[142].

En la carta que Bulgávov le envía a su hermano Nicolai en 1929 se queja de que ha sido liquidado literariamente, y en la que le remite a Gorki lamenta que se retenga en la URSS a un escritor cuyas obras no se autorizan.

[142] Guillermo Heras, «Cartas de amor a Stalin», op. cit., p. 162.

Ante esta dramática situación, Bulgákov apela al «humanitarismo» de Stalin, y le solicita que si no puede ser de ninguna utilidad a su país, le autorice a abandonar la Unión Soviética con su esposa, pero que si considera que debe vivir allí, le pide libertad para publicar y representar sus obras... Si esto no fuera posible, le ruega que le permita ser útil a su país en calidad de director de escena. Si tampoco esto fuera posible, pide que se le nombre ayudante de dirección... o figurante... o tramoyista.

Bulgákov no recibió autorización para abandonar la URSS pero se le contrató en el Teatro de la Juventud obrera de Moscú y luego fue nombrado director adjunto del Teatro de Arte, donde volvió a representarse *Los días de los Turbin.* El escritor tuvo que soportar un constante acoso por parte de la autoridad soviética que llegó a registrar su domicilio y a detenerle en más de una ocasión, siendo boicoteada la publicación de sus obras, que solo verían la luz tras la muerte de Stalin.

En el discurso de Stalin, con el que concluye la obra de Mayorga se hacen referencias a Gorki, a Maiakovski y al papel del artista. En *Cartas de amor a Stalin* hay otros personajes aludidos, como Gogol, Sóbol, Esenin y Zamiatin, que le escribe también cartas al dictador, algunas de las cuales se reescriben en la obra de Mayorga. Es igualmente destacable el papel que desempeña Stanislavski, en cuyo teatro confiesa que se le ha ofrecido un puesto y al que va a visitar Bulgákova, antes de que emprendan su gira anual por Europa.

Cuando regresa la mujer, le comenta que los responsables del teatro tenían escritos treinta nombres en la pizarra: la lista de los actores que viajarían al extranjero, y les pidió que añadiesen sus nombres. Bulgákov, y el propio Stalin, que está ahora en escena, le preguntan si consiguió convencerles y si pidieron algo a cambio. Bulgákova les contesta que todo lo que tenían que hacer era escribir dos nombres más en su pizarra y les tendió la tiza uno a uno: «Nikolai, tu protagonista en *Los días de los Turbin*, me contestó: "¿Por qué no van ustedes al Comité de Asuntos Extranjeros, como todo el mundo?". Ninguno quería coger la tiza. Konstantin fue el último al que se la tendí. Dijo: "¿Bulgákov?". Y escupió en el suelo».

Cuando alguien es rechazado por el «aparato», suele recibir el mismo trato por parte de aquellos que están amparados, protegidos o autorizados por el poder y en ese contexto puede inscribirse el comportamiento de Stanislavski. La actitud de Bulgákov «resultaba muy ingrata en la sociedad estalinista, que quería imaginarse a sí misma como una laboriosa familia conquistando un horizonte soleado. En una sociedad así, ejercer la disidencia suponía la colisión no sólo con el líder, sino con todos los cohesionados bajo su paternal sonrisa. Una sociedad así sólo ofrece exclusión al disidente. Bábel, Mandelstham, Pilniak, Platónov... Todos ellos fueron señalados como traidores a su pueblo. Esa condena moral resultó para algunos menos soportable que el castigo físico; los llevó al exilio interior, a la autocensura, a la autodestrucción»[143].

En la representación dramática de estos importantes asuntos, Juan Mayorga emplea los más afortunados recursos expresivos y escénicos. En una acertada simbiosis se combinan los elementos temáticos y formales hasta tal punto que, con frecuencia, el que aparentemente es un procedimiento escénico se convierte en una de las cuestiones nucleares de la obra y, a la inversa, algunos de los temas fundamentales como la propia función de la escritura, la producción y la recepción de la creación, aparecen en la capa latente como un recurso representacional.

Juan Mayorga potencia todas las virtualidades de los actos del lenguaje, las múltiples posibilidades de la enunciación en el discurso teatral, y logra que el pacto ficcional que es-

[143] Juan Mayorga, «La necesidad de la sátira», *Nueva Revista*, nº 66, diciembre de 1999.

tablecen los personajes en la representación trascienda de la escena al espacio del espectador.

A la obra *Cartas de amor a Stalin* son perfectamente aplicables los presupuestos de Martínez Bonati sobre la ausencia del «hablante básico único» y sobre el discurso de los personajes dramáticos como una acción esencialmente pragmática.

Atendiendo a la mencionada teoría de los actos de lenguaje de John L. Austin, como observa Claire Spooner[144], Bulgákov en un primer momento rechaza el contrato propuesto por su mujer: «¿Ponerte tú en su lugar? (...) ¿Ponerte en la piel de ese hombre al que odio? Al que odias». Sin embargo, el deseo de hablar con Stalin termina convenciéndole: «Está bien, juguemos un rato. Supongamos que eres Stalin».

En este contrato entre la pareja, palabras y expresiones como «juguemos», «supongamos», «imaginar», «ponerme en su lugar»... nos manifiestan que se trata de una situación ficcional, de una inserción del teatro dentro del teatro.

Claire Spooner encuadra el origen del intercambio entre los múltiples emisores y su recepción en lo que Anne Ubersfeld denomina pacto teatral. El discurso del «yo» que escribe el texto dramático se multiplica en diversas voces. Juan Mayorga, como he señalado con anterioridad, apela igualmente a este pacto teatral, en el que desempeña un papel fundamental el espectador.

Uno de los mayores méritos en *Cartas de amor a Stalin,* según Spooner, reside en la puesta en escena de cómo y por qué Bulgákova y su marido prestan sus voces y sus cuerpos al discurso staliniano. En esta complejidad del pacto, el personaje enunciador Bulgákova asume el papel de actriz, y, para

[144] Claire Spooner, *Le théâtre de Juan Mayorga: de la scène au monde à travers le prisme du langaje,* tesis doctoral de la Universidad de Toulouse, presentada por Claire Spooner, el 9 julio de 2013, pp. 94-99.

ayudar a su marido, entrega su voz y su cuerpo a otro personaje-enunciador, Stalin. Por la misma razón, ella se convierte en enunciador-escritor, pues anticipa las respuestas del destinatario de la carta y asume el discurso del personaje Stalin.

Bulgákov imagina así las respuestas de Stalin y desdobla su propio discurso, resaltando a la vez las preguntas y las respuestas hasta tal punto que termina por hacer aparecer en escena al propio dictador en carne y hueso, y el personaje fantasmagórico se convierte en un locutor concreto.

Estos recursos del teatro dentro del teatro revelan su específica complejidad enunciativa[145]. No se trata tanto de comprobar la verdad de lo que enuncia el lenguaje sino más bien de interrogarse por la posibilidad que tiene el discurso teatral de crear mundos en escena. El lenguaje crea un mundo, una verdad que aparece en escena, paralelamente a los referentes de la realidad que designa.

Siguiendo las teorías de Austin, puede acreditarse la fuerza performativa que tiene el lenguaje en *Cartas de amor a Stalin.* Según Bulgákova, el juego de imitación de Stalin permite determinar cuál será la reacción de este último en la realidad: «cómo reaccionará ante una frase como ésta». En este juego teatral, el personaje parece convencido de que «decir es hacer» y sobre todo de que la acción de las palabras tiene repercusiones fuera del marco ficcional[146]. Este procedimiento es particularmente interesante y nos conduce a constatar la porosidad de la frontera entre el espacio escénico y el espacio no escénico.

La fuerza ilocutoria del enunciado es tan evidente en las preguntas que se formula Bulgákov, que implica la aceptación del pacto enunciativo propuesto por su mujer (ella se convierte en Stalin) y formaliza así un contrato con el verdadero Stalin, en el sentido en que el escritor decide enviarle

[145] C. Spooner, op.cit., p. 96.
[146] Ibídem, p. 97.

a él su carta, presupone que el dictador va a responderle. En este doble pacto, se acepta que Stalin puede responder y es precisamente esta posibilidad la que motiva la esperanza del escritor y el proceso de su escritura. Bulgákov y su esposa son a la vez locutores y receptores-espectadores del lenguaje en la obra, y así muestran el funcionamiento real del discurso.

Juan Mayorga, que frente a las afirmaciones dogmáticas, prefiere siempre un discurso abierto, se pregunta no sólo por el personaje que está escribiendo en *Cartas de amor a Stalin* sino también por quién escribe en cada obra las palabras del autor. Y observa a este respecto que «incluso en sociedades mucho menos herméticas que la estalinista la relación del escritor con el poder está cargada de contradicciones y de autoengaños, y una y otra vez aparecen fenómenos de censura más o menos sutil y de autocensura más o menos consciente»[147].

Entre los numerosos y afortunados recursos dramáticos de *Cartas de amor a Stalin* se han citado los de la metateatralidad, metaliteratura o metatextualidad, recursos, que vienen despertando singular interés desde las indagaciones de William Gass y los estudios de John Barth, Margaret Rose, Linda Hutcheon, Patricia Waugh, Robert C. Spires y otros investigadores, haciendo hincapié en determinadas estrategias discursivas utilizadas ya en el *Quijote* de Cervantes, en *Tristram Shandy* de Laurence Sterne, y en buena parte de obras narrativas y teatrales de nuestro tiempo. En esta dirección, una corriente de la semiótica ha definido lo metateatral como el teatro dentro del teatro o la representación incluida en la representación, y los críticos vienen refiriéndose a estas prácticas en autores como Shakespeare, Calderón, Pirandello...[148].

147 Max Barbosa, «Entrevista a Juan Mayorga», www.TeatroenMiami.com; fecha consulta 26 de julio de 2015.

148 Francisco Gutiérrez Carbajo, Introducción a la edición de *Cuadros de amor y humor al fresco*, de José Luis Alonso de Santos, Madrid, Cátedra, 2006, p. 20

Entre estos recursos metatextuales de *Cartas de amor a Stalin,* Claire Spooner ha resaltado los de la *repetición* y la *reescritura.* Los personajes reiteran, aunque con pequeñas modificaciones, los discursos pronunciados en otras escenas. En la reproducción de la conversación telefónica que Bulgákov mantiene con Stalin, por ejemplo, se mezclan los recuerdos y su imaginación dando lugar a numerosas variantes.

Según el propio Juan Mayorga, «en *Cartas de amor a Stalin* (las repeticiones) están asociadas a una obsesión, él repite una y otra vez la misma conversación, de algún modo se ve encerrado en ella, y él mismo –su ilusión– le hace crear finalmente un marco trágico donde él se encierra»[149]. La obsesión del escritor le conduce a imaginar que su interlocutor se encuentra realmente frente a él, y le hace aparecer en escena y en el texto.

El propio Stalin «ayuda» a Bulgákov a redactar sus cartas y se constata que el trabajo de la escritura está ligado a los procesos de repetición y recurrencia. Antes de encontrar la «palabra justa», Bulgákov repite en voz alta el texto que está escribiendo. Spooner inscribe esta técnica de la repetición en la teoría de la *différence* de Derrida[150]. La repetición, como han señalado, entre otros, Roman Jakobson y Samuel R. Levin constituye uno de los procedimientos fundamentales de la lengua literaria, y uno de los grandes méritos de los buenos creadores consiste precisamente en saber administrar con tino las repeticiones, las equivalencias y las recurrencias. Juan Mayorga maneja con habilidad este recurso y logra –por utilizar un concepto y un título de Gilles Deleuze– combinar la repetición con la diferencia. Cuando repite una frase, al insertarla de ordinario en otro contexto, suele imprimirle un sentido levemente diferente. Este procedimiento

149 C. Spooner, op. cit., p. 478.
150 Ibídem, p. 212.

ilustra claramente el postulado de *La disimilitud de lo similar* de Victor Sklovski[151].

El recurso de la repetición resulta especialmente relevante en la reproducción que Bulgákov hace de la llamada de Stalin. Aunque el autor reitere la misma frase: «Quiere marcharse al extranjero, ¿no es eso?», al insertarla en un contexto distinto, la expresión adquiere una tonalidad especial. El propio escritor duda en ocasiones si está reproduciendo con exactitud la frase: «Quiere marcharse usted al extranjero, ¿no es eso? Está harto de nosotros». Ahora no estoy seguro de si dijo «marcharse al extranjero» o «ir al extranjero». ¿O dijo «salir al extranjero»? Debería recordar los términos con precisión. Cambiando una palabra, se cambia el sentido»[152]. Aparte de que en esta ocasión ha introducido la fórmula de tratamiento «usted», duda sobre el verbo exacto que utilizó el dictador.

Las aparentes dudas que se exponen en esta y en otras escenas no constituyen una muestra de la incapacidad expresiva del discurso sino más bien un acto de confianza en el valor polisémico de los términos, en la riqueza y en la apertura del lenguaje.

Juan Mayorga se ha referido en numerosas ocasiones al carácter abierto de sus textos, y lo ha ilustrado con ejemplos de varias de sus obras, como *Himmelweg, El chico de la última fila* y *Cartas de amor a Stalin*: «La acotación inicial de *Cartas de amor a Stalin* dice: "En casa de los Bulgákov, allí donde él escribe". Hay puestas en escena que han construido un despacho de una casa de Moscú y otras en que Bulgákov escribe en el suelo, e incluso hay otras en que escribe sobre

[151] Victor Sklovski, *La disimilitud de lo similar,* Madrid, Alberto Corazón Editor, 1973.

[152] Juan Mayorga, *Teatro 1989-2014,* op. cit., p. 234.

su piel. Para mí, lo innegociable, lo importante, es que el lugar de la representación sea aquel donde el escritor escribe, ese espacio que luego será ocupado, invadido por Stalin»[153].

Una muestra de que la escritura es abierta y susceptible de admitir diversas variantes –además de un ejemplo del rigor y de la profesionalidad del escritor– son las modificaciones que se introducen en las distintas ediciones. Se trata, bien es cierto, de cambios muy leves, pero que constituyen buenos ejemplos del proceder del artesano serio, que continuamente va perfeccionado su obras.

Señalo solamente algunos casos: en la primera escena de *Cartas de amor a Stalin* en la edición de *Signa*, el escritor remata su misiva al dictador, con estas palabras: «Firmado: Mijaíl Bulgákov. Moscú, julio de 1929». En el texto de *Teatro 1989-2014* y en el que ha preparado para esta edición, la carta termina con «Firmado: Mijaíl Bulgákov», y se suprimen el lugar y la fecha. En la escena segunda se modifica «la apolillada retórica de un Gógol» por «la apolillada retórica del viejo Gógol». Un poco más adelante, en esa misma escena, la exposición de Bulgákov: «Y ahora, como si mi destrucción fuera un objetivo largamente buscado, se regodea en mi aniquilamiento» va precedida de la acotación *Exaltándose*, verbo que se cambia en *Teatro 1989-2014* y en nuestra edición por *Explotando*. Las palabras que reproduce Bulgákova: «¿Está decidido a irse al extranjero... o prefiere permanecer en la Unión Soviética y en qué condiciones?» se transforman en «¿Está decidido a irse al extranjero... o prefiere permanecer, sea cual sea su situación, en la Unión Soviética?». Las que profiere luego: «Y solo hace unos días enterramos a

153 Entrevista con Raquel Blanco y Ángel Talián, «Juan Mayorga: "La filosofía no es una disciplina académica, es un plan de vida; todos estamos llamados a ser filósofos"», en *www.jotdowm.es*; fecha de consulta: 27 de julio de 2015.

Sóbol y a Esenin» aparecen suprimidas en el texto de *Teatro 1989-2014* y en el de esta edición. Incluso entre estos dos últimos textos pueden encontrarse nuevas modificaciones[154]. La labor de reescritura es constante, y constituye una buena muestra de la preocupación del autor por el lenguaje. Preocupación manifestada en esta y en otras obras teatrales y en sus textos teóricos.

LA PAZ PERPETUA[155]

En *Cartas de amor a Stalin* Bulgákov apela al «humanitarismo» del dictador para que sea comprensivo y atienda su petición. Sin embargo, ni Stalin, ni en numerosas ocasio-

[154] En esta edición se escribe «gobierno soviético» sin las mayúsculas iniciales que aparecían en *Teatro 1989-2014*, se sustituye de nuevo el término «maligna» por «diabólica», como se ha señalado, y se introducen otras pequeñas variantes.

[155] Puestas en escena: 1) 24 de abril de 2008, Teatro María Guerrero –Madrid–, bajo la dirección de José Luis Gómez; 2) 4 de junio de 2010, Teatro Óscar Fessler, San José de Costa Rica, bajo la dirección de Fernando Rodríguez Araya; 3) 14 de octubre de 2011, Compañía Nacional de Teatro, Teatro Benito Juárez –México D.F–, con dirección de Mariana Giménez, 4) 28 de agosto de 2013, Sala Tito Junco, Complejo Cultural Bertolt Brecht –La Habana–, con dirección de Sahily Moreda; 5) 15 de octubre de 2014, Teatro El Galpón –Montevideo-, con dirección de Fabio Zidán; 6) 17 de agosto, de 2015, El Granero, Centro Cultural del Bosque-Ciudad de México, montaje Mariana Giménez. Se representará en marzo de 2016 en Colombia.
Lectura dramatizadas: 1) 13 de agosto de 2011, Centro Cultural del Bosque –México DF–, dirigida por Mariana Giménez; 2) 1 de septiembre de 2015, Embajada de España –Buenos Aires-, con dirección de Guillermo Heras; 3) Lectura dramatizada: 21 de enero de 2016, Teatro Santa Isabel –Recife–, con dirección de Fernando Philbert.

nes el resto de los animales racionales resulta admirable por su humanidad. El individuo, que ha alcanzado las mayores cotas de progreso, ha fabricado a la vez las más sofisticadas armas de autodestrucción. Una de las prácticas por las que se ha singularizado desde el comienzo de los tiempos es por aniquilar a sus semejantes. En estas prácticas abominables sí que ha sobresalido sobre el resto de los seres vivos.

En la novela *Corazón de perro* de Bulgákov, el animal empieza a comportarse mal, después de habérsele implantado órganos humanos. En *Palabra de perro* de Juan Mayorga, Cipión le dice a Berganza: «No te quejes de tu suerte, que sonarás a hombre», y al final de *La paz perpetua* comenta el Humano: «Distinguir entre lo justo y lo injusto, eso hoy sólo puede hacerlo el corazón de un perro. Nunca el perro fue tan necesario al hombre. La humanidad está en peligro, no nos abandonen».

Resulta, por tanto, un gran acierto que el terrorismo, la violencia, la barbarie, el mal... –temas nucleares de *La paz perpetua* de Mayorga– aparezcan tratados a través de perros. Como ha explicado el propio autor, «expresiones y frases de un ser humano puestas en boca de un animal tienen un color, una intensidad, especiales»[156].

En la utilización de este recurso, como suele ser habitual en Juan Mayorga, el autor parte de la mejor tradición, la desarrolla y le confiere un especial tratamiento. Como dice Nietzsche en *El caminante y su sombra*, el menester de los grandes creadores consiste en inspirarse en los modelos anteriores e intentar vencerlos con gracia, de modo que se note al mismo tiempo, la sujeción y la victoria.

Juan Mayorga, que además de un maestro del arte dramático es matemático y filósofo, conoce la atención que ya

156 Nieves Mateo y David Ladra, «Conversación con Juan Mayorga», *Primer Acto*, Madrid, nº 326, 2008, pp. 63-71.

Aristóteles le prestó al *animal no humano*[157]. Aristóteles, que le dedicó a la Zoología más páginas que a la Lógica, a la Ética y a la Metafísica juntas, observa que los humanos poseemos todas las potencialidades de la vida en general (nutritiva, vegetativa) y, además, las de la vida sensitiva, que como mínimo incluye el sentido del tacto, común a todos los animales, y la capacidad de sentir placer y dolor y de tener deseos[158]. En *Perì psykhés* argumenta que «la actividad sensorial más primitiva que se da en todos los animales es el tacto (...) allí donde hay sensación hay también dolor y placer, y donde hay estos, hay además y necesariamente apetito»[159].

Aristóteles, preceptor de Alejandro Magno, que impulsó la historia natural, recopiló las características de los animales de los países conquistados en su *Historia animalium.*

Le prestaron también especial atención a las denominadas bestias Teofrasto, Claudio Eliano, Herodoto, y sobre todo Plinio el Viejo, en su voluminosa *Historia Natural.*

En las manifestaciones artísticas se ha recurrido igualmente a la zoología para representar, en numerosas ocasiones, figuras, actitudes y comportamientos humanos.

Por su parte, las tendencias filosóficas más recientes, como las de Derrida, manifiestan una preocupación casi obsesiva por estas cuestiones, que procede de una exquisita sensibilidad afectiva e intelectual hacia muchos aspectos de la vida de los animales desdeñados por otras corrientes del pensamiento. Tal displicencia filosófica ha ignorado sobre todo el sufrimiento de los animales –ya señalado por Aris-

[157] Francisco Gutiérrez Carbajo, «El animal no humano en algunas obras teatrales actuales», *Anales de Literatura Española Contemporánea* 34.2, 2009, p. 67.

[158] Jesús Mosterín, *La naturaleza humana,* Madrid, Espasa-Calpe, 2006.

[159] Aristóteles, *Perì psykhés* (*Acerca del alma)*, trad. de Tomás Calvo, Madrid, Gredos, 1994.

tóteles– y la cuestión que procede plantearse no es si pueden razonar, sino si los animales pueden sufrir, como ya observó Bentham. Pregunta que adquiere una insólita relevancia teórica al hacerla converger con la necesidad de enfrentarnos con unas concepciones que se obstinan en oponer al hombre al resto del género animal. Menoscabo teórico que, como sugiere Derrida, no ha dejado de tener repercusiones en nuestro trato real con ellos. John Berger, Gilles Deleuze y Félix Guattari, entre otros, se han ocupado en los últimos tiempos de cuestiones éticas, políticas y culturales vinculadas al devenir de la relación entre los animales no humanos y los humanos. En nuestros días, Laura Bossi –superando la división cartesiana entre la *res cogitans* y la *res extensa*– ha trazado en *Historia natural del alma* una antropología en la que analiza nuestra comunidad con el alma sensitiva de los animales[160].

Montaigne, otro autor muy conocido y citado por Mayorga, sostiene que existen más diferencias entre algunos hombres, que entre estos y los animales[161], con una concepción naturalista ratificada por Charles Darwin y sus seguidores. Pero aunque el naturalismo evolucionista ha triunfado en toda regla, en el pensamiento científico y filosófico, todavía colea la resistencia a considerarnos como somos, como animales[162]. La impronta del evolucionismo se ha dejado sentir en diversos campos, entre ellos en el de la dramaturgia, y, así, en la adaptación teatral realizada por José Luis Gómez de *Informe para una academia* de Kafka, un mono, mediante la redacción de un discurso para una academia científica, nos cuenta cómo se desarrolló su adaptación desde la selva hasta la vida

160 Laura Bossi, *Historia natural del alma,* trad. Eric Jalain, Madrid, Antonio Machado Libros, 2008.

161 Michel de Montaigne, «Apología de Raimundo Sabunde», en *Ensayos II,* Madrid, Cátedra, 1987, pp. 166-167.

162 Jesús Mosterín, *La naturaleza humana,* op.cit., p. 23.

civil, y la teoría de la evolución se representa con gran tino en *La tortuga de Darwin,* de Juan Mayorga.

La línea de continuidad entre el hombre y el animal, apuntada ya por Aristóteles y continuada por el pensamiento científico y filosófico posterior, tuvo su lógica repercusión en el mundo de la literatura y del arte. Desde las fábulas de Esopo, las *Metamorfosis* de Ovidio, *El asno de oro* de Apuleyo, pasando por *La Gatomaquia* de Lope y el *Coloquio de los perros* de Cervantes –reelaborado teatralmente por Juan Mayorga– y por las diversas colecciones de fábulas anónimas y de autor, hasta las obras actuales de Angélica Liddell y de otros escritores, se descubre una trayectoria de interés por los animales no humanos, en consonancia con lo que sucede en los otros ámbitos señalados.

En los usos sociales de la Edad Media los animales eran considerados a veces como personas e incluso alcanzaban una función legal en los famosos procesos de animales, en los que podían figurar como testigos e incluso como culpables[163]. En la Edad Media, *El Fisiólogo,* obra de autoría y datación inciertas, se considera la fuente fundamental del género.

En esta época florecen los *Bestiarios* en los que se describían animales reales y fantásticos –con frecuencia no se establecía una distinción– y cumplían en muchos casos una finalidad docente y ejemplarizadora. En el siglo XVI, el filósofo y comediógrafo italiano G. Battista Della Porta analiza ya estas relaciones[164]. La representación de los animales no humanos arranca, sin embargo, con el despertar de la cultura, como lo muestran las diversas manifestaciones del arte rupestre.

[163] Michel Pastoreu, «Los juicios contra animales ¿Una justicia ejemplar», en *Una historia simbólica de la Edad Media Occidental,* Buenos Aires, Katz, 2006, pp. 27-50.

[164] Vid. Julio Caro Baroja, *Historia de la Fisiognómica. El rostro y el carácter,* Madrid, Istmo, 1995.

Algunos de los dramaturgos actuales son ejemplares seguidores de esta interesante tradición, quizá por las implicaciones filosóficas, científicas y literarias señaladas, pero también porque el recurso a la zoología, como los diversos procedimientos proteicos de la mitología, encierra una gran potencialidad expresiva.

Ello explica también el aprovechamiento de estos recursos por algunos de los más reconocidos narradores contemporáneos, como hacen Kafka en *La metamorfosis,* Bulgákov en *Corazón de perro,* Julio Cortázar en *Atxolot*[165], etc.

El proceso de la transformación es aplicado en ciertas obras, como en algunas de Alfonso Vallejo o de Angélica Liddell, pero en otras no se producirá la transformación, y son los propios animales –representados por personas– los que se convierten en verdaderos personajes.

Este es el caso de los perros en la pieza teatral *El rabo* de José Ruibal, publicada en el año 1969. Para José Ruibal, la presencia reiterada en su obra de la zoología proviene de la consideración de los animales como elementos básicos en la vida y en el arte: «Los animales, contrariando a los hombres, son siempre los mismos animales desde todos los puntos y contrapuntos del planeta. Digamos que son planetarios sin vuelta de hoja y de primera clase»[166].

En la línea de Derrida[167], el dramaturgo considera que los animales son menos pretenciosos y personalistas que el hombre y no van a imponer sobre los demás su propia biografía.

Ruibal se pregunta sobre la posibilidad de excluir de la esfera del arte al hombre, ya que este se empeña en levan-

[165] Francisco Gutiérrez Carbajo, «Análisis e interpretación de *Axolotl* de Julio Cortázar», en *Conversaciones de famas y cronopios. Encuentros con Julio Cortázar*, Murcia, Caja Murcia, 1996, pp. 265-273.

[166] José Ruibal, *Teatro sobre teatro*, Madrid, Cátedra, 2000, p. 25.

[167] Jacques Derrida, *El animal que luego estoy si(gui)endo,* Madrid, Trotta, 2008.

tarse como un ser histórico, en ceñirse a una nacionalidad y a un idioma, en lucir una psicología diferenciada y distante, todo ello al servicio de «causas inconfesables, lo que casi le hace inservible a la hora del «elemento básico que andamos buscando»[168]. De tanto reivindicar identidades y diferenciaciones, el hombre ha perdido la universalidad y la naturaleza primitiva casi mítica, que ya era de por sí artística: «Convirtiendo al hombre no en fin sino en vehículo de nuestra poética, es posible que vuelva a recuperar la mítica que ha perdido, mientras que los animales nunca la perdieron»[169]. En un sentido semejante se manifiesta Angélica Liddell: «Algún día la tierra no soportarán los excesos de los hombres. / Y los animales volverán a gobernar. / Y el arte desaparecerá junto a la pobreza y la riqueza, / puesto que los animales son bellos y buenos por sí mismos»[170].

Con un guiño paródico al historiador Arnold Toynbee, los perros de José Ruibal explican que su historia se remonta a miles de años atrás, cuando aún eran libres.

El carácter de fábula moralizadora de Ruibal es sustituido en Fernando Arrabal por un tratamiento ceremonial y de celebración, como es frecuente en su teatro. Así sucede en la pieza *Bestialidad,* con la contienda de amor sadomasoquista librada entre Asán y Alima. Este amor odio se manifiesta sobre todo discursivamente, a través de los insultos cariñosos que se propinan. Mientras tanto, el caballo y la yegua, en los que han llegado montados los enamorados, relinchan y se «magrean». La pareja de humanos se alimenta de reproches, mientras los

[168] José Ruibal, *Teatro sobre teatro*, op. cit., p. 26.

[169] Ibídem, p. 26.

[170] Angélica Liddell, «Poética teatral (« Y si nada les puede conmover ?)», «Y los peces salieron a combatir contra los hombres», en Francisco Gutiérrez Carbajo, *Seis manifestaciones artísticas. Seis creadoras actuales,* Madrid, Ediciones UNED, 2006, p. 117.

no humanos dan rienda suelta a sus instintos. Al final de la pieza, en una escena casi superrealista, el caballo y la yegua se elevan en una barca hacia las alturas y luego caen sobre la pareja de humanos convertidos en esqueletos.

Un tono ceremonial y lúdico, a pesar de la gravedad del asunto, presenta *La tortuga de Dostoievski*, una obra, que, según Fernando Arrabal, es un homenaje al magnífico relato *El cocodrilo* de Fiódor Dostoievski. Aquí, contrariamente a lo que sucede en *La tortuga de Darwin,* de Juan Mayorga, el reptil permanece casi siempre estático, aunque no por eso su comportamiento es ejemplar. Tampoco lo es el de quienes lo tienen encerrado en un parque zoológico como puro elemento de distracción de los humanos.

John Berger en su ensayo *¿Por qué miramos a los animales?* considera el zoológico público como un monumento a la ausencia, a la imposibilidad moderna de «ver» a los animales, al fracaso final de nuestro encuentro con ellos. Desligado en el recinto zoológico de su medio natural, sometido a condiciones artificiales, separado de su conducta «natural», el animal asume un comportamiento que parece privativamente humano: la indiferencia[171].

El referente más concreto de esta obra de Arrabal, como he apuntado, es *El cocodrilo* de Dostoievski[172], un cuento considerado como el mejor ejemplo de innovación del género, adelantándose cincuenta años a *La Metamorfosis* de Kafka.

El tratamiento lúdico y carnavalesco de la zoología por Fernando Arrabal es compartido, aunque con distintas técnicas, por algunas obras de Alfonso Vallejo.

171 John Berger, «Le zoo», en *Critique*, pp. 375-376: «L'animalité», París, Éditions du Minuit, 1978, y «¿Por qué miramos a los animales?», en *Mirar*, Barcelona, Gustavo Gili, 2001.

172 Fiódor Dostoievski, *Cuentos,* ed. y trad. del ruso: Bela Martinova, Madrid, Siruela, 2007.

Uno de los procedimientos del teatro de Vallejo, quizá para demostrar lo no compacto y homogéneo del mundo, es el de la fragmentación y la desintegración. Por ello, más que convertir a los humanos en no humanos, son transformados o trasplantados solamente algunos de sus órganos o de sus miembros, y el producto resultante es el de un sujeto extraño, que es el que en no pocos casos habita e incluso domina la escena.

En la obra *Latidos*, cuando muere el emperador en un gran país, lo ha de sustituir el príncipe, que no es un modelo de ciudadano. Fruchel, el rector de la universidad en la que el príncipe Amir cursa sus estudios, reconoce que sólo sabe divertirse, beber y «darle a la grifa». El rector y el primer ministro Mardon piensan que hay que construir una nueva imagen del sucesor, que hay que transformar al príncipe, «que se fuma hasta las escobas»[173]. Asistimos a una operación quirúrgica en la que intervienen, entre otros, Fruchel, «rector de la Universidad y eminencia de la cirugía». Para realizar el trasplante, Fruchel le pide a Mardon que le lleve un perro, un hígado de perro, y Mardon está dispuesto a proporcionarle una manada. Al aparecer en escena Amir, se comporta como un auténtico perro. El príncipe ha adquirido forma y comportamientos de animal. Pero el problema, según el cirujano, ha surgido por haberle trasplantado al heredero el hígado «de un sucio y vulgar chucho». Otra cosa hubiese sucedido si se le hubiese trasplantado el órgano de un perro de pedigrí, pero se han tomado vísceras perrunas sin vitalidad, historia, ni futuro. En la obra, como en otras de Vallejo, conviven lo grave con lo carnavalesco, el lenguaje coloquial con el discurso científico, en el que se alude en este caso a Galileo, a Copérnico y a Planck y sus «constantes».

[173] Alfonso Vallejo, *Cangrejos de pared, Latidos, Eclipse,* Madrid, Ediciones de la Torre, 1980, p. 97.

La posibilidad de que puedan repetirse experiencias como estas, explica en la obra *Panic* el terror de Rex, que piensa que van a trasplantarle una cabeza de perro. El recurso a la animalización en el teatro de Alfonso Vallejo adquiere con frecuencia una función lúdica, pero no por ello deja de traslucir algunos de los mecanismos neurológicos del animal humano, como el miedo y la violencia.

Ese tono cambia en *El escuchador de hielo,* una obra que presenta bastantes analogías con *La paz perpetua* de Mayorga, y que tiene dos referentes esenciales: la pieza *María Estuardo* de Schiller y una noticia periodística sobre la tortura de presos militares de la guerra de Irak, en la que se utilizó a perros adiestrados. Las escenas superan con creces los hechos más luctuosos referidos en las tragedias griegas, en las pinturas negras de Goya, en los dramas más crueles de Shakespeare. Estos hechos tenían que permanecer en la memoria como testimonio humano y literario, como «producto verbal», como aberración ética, como denuncia política[174]. Y es lo que han hecho Mayorga, Vallejo, López Llera...

Como *La paz perpetua* de Mayorga, *El escuchador de hielo* de Vallejo se convierte en testimonio de los comportamientos más despreciables del animal humano, en una denuncia de las aberraciones éticas, de las degradaciones políticas y del imperio del mal: «El mundo no existe. Sólo existe el mal. Han muerto la verdad y la razón. Sólo queda la violencia y la sangre, los perros adiestrados mordiendo a seres indefensos en sus partes más vitales para que hablen...»[175].

174 Francisco Gutiérrez Carbajo, «Un modo experimental de conocimiento de un francotirador de la paz». Prólogo a Alfonso Vallejo, *El escuchador de hielo,* Madrid, Comunidad de Madrid / Asociación de Autores de Teatro, 2007, pp. 9-22.

175 Alfonso Vallejo, *El escuchador de hielo,* Madrid, Comunidad de Madrid / Asociación de Autores de Teatro, 2007, p. 69.

En obras teatrales actuales, el recurso a la zoología se concreta en la animalización como un proceso paródico o degradador. Así, en *Cocodrilo* (1997) de Paco Zarzoso, la interpretación corre a cargo de los siguientes animales: el búho, el cerdo, la zapatera y el cocodrilo, pero se trata de animales humanos que desarrollan una fábula en la que se mezclan varias historias: la lucha por el control de la noche de dos bandas opuestas, una relación familiar y otra de amistad entre dos hombres.

José Luis Alonso de Santos hace aparecer al animal no humano en *Amor líquido* (2009), y en *El oscuro corazón del bosque* (2009) unos gatos repasan su vida en el momento en que la casa en la que han vivido va a ser demolida y ellos deben trasladarse. Carmen Resino en *Las provechosas alianzas* (2010) introduce, entre los personajes, a «Ginger y Fred, dos perros de caza interpretados por actores», y en *El régimen del pienso* (2012) de La Zaranda, los cerdos se erigen en personajes.

En *Los bólidos del olvido* (2015) de Julio Fernández, un perro se convierte en uno de los personajes más lúcidos e inteligentes, hasta el punto de que al final los demás se plantean la posibilidad de transformarse en perros.

En *Bestiario de amor* (2008) de José Manuel Corredoira Viñuela, integrado por *Seis elefantes, El gallo asesinado* y *El papagayo ciego*, como expone Fernando Arrabal en el prólogo, «las bestias son tan conmovedoras como los siglos que pasan».

Esta entonación lúdica se abandona en el teatro de Angélica Liddell, en el que el proceso de animalización está presente o aludido en varias de sus obras, como *El Matrimonio Palavrakis*, y alcanza su presencia más destacada en *Y los peces salieron a combatir contra los hombres*.

Como ha observado Liddell, «el autor se plantea el acto teatral como un esfuerzo de comunicación moral, un desafío a la sensibilidad del espectador, una llamada al conocimiento»[176], pero como un filósofo decepcionado, se siente incapaz de resolver la paradoja entre el lenguaje y la catástrofe humana, entre el lenguaje y la necedad. La sociedad, sin embargo, crea mecanismos de camuflaje, de autoprotección, con el fin de hacernos insensibles a lo que se presenta en escena. En *Y los peces salieron a combatir contra los hombres* la denuncia no puede ser más explícita ni más contundente y, a pesar de ello, los hechos denunciados siguen repitiéndose cada día.

Al igual que en el tratamiento de otros asuntos, en el que nos ocupa, Angélica Liddell está animada por un espíritu de transgresión, que, como en Foucault, Bataille, Blanchot y otros autores, trasciende los planos de lo político y de lo ético, y llega hasta la esfera de lo epistemológico y lo ontológico. Está planteando cuestiones que afectan al ámbito del conocimiento y de la propia existencia. Por otra parte, aunque su teatro parezca enfrentado a toda norma moral, encierra un claro valor ético. El propósito de sus obras es una crítica frontal del cinismo y de la moral burguesa, que bajo la capa de la ética y de la moralidad, autoriza, consiente o impone las acciones más viles y execrables.

En este territorio de denuncia y de crítica se sitúan *Extraños en un tren / Todos muertos* y *Bajo los rascacielos (Manhattan Cota-20)* de Jerónimo López Mozo; *Palabras de destrucción masiva, Llamadas perdidas del 11-M* y *Bagdad, ciudad del miedo*, de César López Llera, y en este escenario se representan dramáticamente asuntos como el terrorismo, la barbarie, la violencia y el mal en *La paz perpetua* de Juan Mayorga.

En *La paz perpetua* los animales no humanos mantienen con el humano un trato poco amistoso. No estamos ante una relación amigable, de *dilectio* sino de dependencia, de *suiectio*. La convivencia de los animales no humanos entre sí tampoco

176 Angélica Liddell, *Poética teatral*, op. cit., p. 110.

se caracteriza en esta obra por un instinto afectivo sino por una competencia feroz. Los tres perros, Odín, Enmanuel y John-John son candidatos a un único puesto en una unidad antiterrorista. Para conseguir esa ansiada dignidad han de superar diversas pruebas: un ejercicio práctico, un test psicotécnico y una entrevista con el perro jefe, Casius.

Una de sus principales armas, el olfato, ya señalada por José Ruibal y por otros dramaturgos, ha perdido su importancia. Enmanuel ha leído que en Colombia usan ratas y en Israel puercos: «Por lo visto, son más fáciles de adiestrar que nosotros, y más baratos. En todo caso, el olfato cada día va a cotizar menos. He leído que los japoneses han inventado una nariz artificial». El perro filósofo insiste en que hay que hacerse a la idea de que pronto habrá máquinas con mejor olfato que ellos.

Ruibal también habla de las máquinas y considera que tanto la utilización de estas como la de los animales en el teatro tienen por finalidad «encontrar vehículos apropiados de lenguaje poético, plástico, verbal»[177]. Descartes equiparaba ya los animales con las máquinas.

Empiezan las pruebas para la selección y Enmanuel alecciona a John-John sobre cuestiones teológicas y metafísicas. Le explica, por ejemplo, que para Pascal tanto la existencia de Dios como su inexistencia son indemostrables; por lo tanto, hay que considerar el asunto como una apuesta.

No están ausentes tampoco los problemas científicos, como la manipulación genética. Odín, por ejemplo, le pregunta a John-John cómo puede tener la seguridad de que es un perro puro: «¿Cómo sabes que no te han metido un 10% de tortuga para endurecerte, o un 7% de conejo, para darte agilidad? Ahora tienen todos los medios: hormonas, genes, clones... ¿Cómo sabes que no echaron en el cóctel un 20% de hombre, para hacerte un 20% capullo?».

177 José Ruibal, op. cit. p. 43.

Pero los asuntos básicos de *La paz perpetua,* como ya se ha anunciado, son la tortura, la barbarie, el terrorismo, la violencia y el mal.

Según Mayorga, en el fenómeno de la tortura se observa «una doble animalización que corresponde al momento extremo de una cultura no humanista en la que unos son educados para comportarse como bestias y otros son educados para ser tratados como bestias. En este sentido, la obra habla más que de terrorismo, habla de la tortura como caso extremo de deriva moral»[178].

En cuanto a la barbarie, casi al final de la acción dramática el Humano le pregunta a Enmanuel: «¿Razón o sombra, progreso o reacción, civilización o barbarie? ¿De qué lado está, Enmanuel?».

Mayorga, como buen filósofo y hombre de ciencia, siempre se encuentra indagando, interrogando, criticando..., y tanto en su obra dramática como en sus ensayos considera que la ausencia de crítica nos lleva a la barbarie:

> La lucha contra la barbarie empieza por el gesto crítico desde la cultura y ante la cultura.
>
> Durante algún tiempo se pensó que cultura y barbarie eran mutuamente excluyentes. Se pensó que el hombre rico en experiencias culturales no podía ser un hombre bárbaro. Sin embargo, ya antes del Holocausto, alguien se atrevió a decir que todo documento de cultura es, al mismo tiempo, un documento de barbarie. Después del Holocausto, contraponer cultura a barbarie es una peligrosa ingenuidad. Se puede escuchar la mejor música por la mañana y torturar por la noche (...) Sin crítica, la cultura prepara la barbarie. Ella misma es barbarie.

[178] Nieves Mateo y David Ladra, «Conversación con Juan Mayorga», *Primer Acto,* nº 326, 2008, pp. 63-71.

> Un hombre al que se educa en la aceptación acrítica de la cultura, está siendo educado para la barbarie. Está siendo educado para ser dominado o para dominar[179].

En este mismo contexto, Juan Mayorga comenta que Benjamin y luego Adorno y Horkheimer alertaban de la lógica cultural que había conducido a la barbarie. Walter Benjamin argumentó que todo documento de cultura es un documento de barbarie, una afirmación paradójica que Mayorga interpreta, explicando que todo bien cultural puede estar asociado en determinado momento a la barbarie, puede ser utilizado por unos hombres como instrumento para la dominación de otros. La relación con la cultura, según Benjamin, no ha de basarse en la adoración, sino en la crítica. En un sentido semejante se manifiestan Adorno y Horkheimer[180].

Lo decisivo, según Mayorga, es que pocos como Benjamin nos han advertido contra la utilización de la cultura para camuflar silencios y olvidos. Benjamin –y después de él, los frankfurtianos empezando por Adorno– nos enseñaron que la cultura puede ser un fetiche enmascarador, una fábrica de fantasmagorías y de mixtificaciones ideológicas[181].

Las mixtificaciones ideológicas, la falta de crítica, la barbarie están en la base del terrorismo, que fue el asunto sobre

[179] Juan Mayorga, «Cultura global y barbarie global», *Primer Acto,* nº 280, 1999. pp. 60-62; también en J. Monleón (ed.), *Teatro y democracia,* AAT, Madrid, 2001, pp. 71-78; y en *El teatro de papel,* nº 1, pp. 161-168.

[180] Ana María Iglesia, Entrevista a Juan Mayorga: «Necesitamos construir un personaje para vivir», *L'Apuntador,* 13 de diciembre de 2013.

[181] Juan Mayorga, *Conservación y creación. Respuesta diferida a un actor chino,* Institucionalización de la Cultura y Gestión Cultural, Madrid, Ministerio de Cultura, 2007.

el que Gerardo Vera –director entonces del Centro Dramático Nacional– le solicitó a Juan Mayorga que escribiera una obra, y el resultado fue *La paz perpetua*.

La acción dramática se sustenta, como se ha apuntado, en la competición que llevan a cabo tres perros para entrar en el grupo de élite antiterrorista K7. Solo uno de los tres podrá ingresar e incorporarse al combate contra la terrible amenaza. En la escena, además de realizar los ejercicios que se les exigen, libran un auténtico combate dialéctico entre ellos.

En las pruebas, se les pregunta cuál es el radio de acción de siete gramos de trilita, o qué ha de hacer el perro al identificar un vehículo-bomba en movimiento o si la neutralización de un sospechoso pone en peligro una vida inocente. Se les pide, además, que huelan tres prendas e identifiquen la que corresponde a un terrorista, y que definan en menos de veinticinco palabras el concepto «Terrorismo».

Enmanuel ha vivido el terrorismo muy de cerca: ha presenciado cómo su dueña Isabel ha sido víctima de una explosión terrorista y por eso le dice a Odín que si hubiese visto la sangre de los inocentes no hablaría como habla. Casius sabe perfectamente lo que es la sangre, y por este motivo cuando John-John lo alaba por hazañas como la entrada en el avión secuestrado, el viejo labrador le comenta que las pesadillas no lo dejan descansar, que en los sueños se le aparecen todos sus muertos.

El terrorismo emerge asociado al fanatismo religioso en los argumentos que Enmanuel le expone a John-John: «Muchos de esos que van por ahí poniendo bombas dicen que tienen a Dios a su lado. Matan en nombre de Dios. Pero ¿qué quieren decir con "Dios"?, ¿qué hay en su cabeza cuando hablan de Dios?».

Juan Mayorga reconoce que existe en el texto este concepto de Dios vinculado al fanatismo integrista, el de aquel terrorista que se cree un guerrero de Dios, absolutamente difícil de combatir, pero, por otro lado, Dios aparece «como un anhelo», en el sentido que decía Horkheimer, «de lo absolutamente otro»:

> Yo entiendo que un ser humano, ante la contemplación de las víctimas, sienta un anhelo de creer, para aliviar su propio dolor, que algo más allá del ser humano pudiera reconstruir eso y hacer justicia. Me parece que es un anhelo humano completamente respetable en el que el racionalista Enmanuel hubiera deseado creer, pero no puede hacerlo y eso lo mantiene en la zozobra[182].

Según Barrera Benítez, «*La paz perpetua* abre el debate que sitúa al terrorismo como la mayor amenaza para preservar los valores del sistema democrático y, por ende, como lo que nos aleja definitivamente de la posibilidad de disfrutar de la paz utópica señalada por Kant»[183]. La obra de Mayorga se presenta «no solo como un claro homenaje al filósofo alemán, sino también como una trágica ironía en cuanto que nos permite observar justamente lo lejos que estamos a veces del desiderátum kantiano»[184].

Por encima del terrorismo, Juan Mayorga considera que el tema principal en *La paz perpetua* «es la cuestión del mal necesario. El personaje del Ser Humano no defiende la tortura por odio o por indignación, como tampoco apela a la logica del «ojo por ojo, diente por diente»; él considera la tortura como un mal necesario. La legitimación de la tortura significa, en primer lugar, la aceptación de que haya funcionarios de

182 Nieves Mateo y David Ladra, «Conversación con Juan Mayorga», *Primer Acto,* 326, 2008, pp. 63-71.

183 Manuel Barrera Benítez, «Introducción a *La paz perpetua* de Juan Mayorga», Oviedo, KRK Ediciones, 2009, pp. 9-26, p. 17.

184 Ibídem, p. 18.

la tortura y, en segundo lugar, la posibilidad de tratar al ser humano como medio, como mero cuerpo[185].

El asunto es tremendo. Amputar un miembro a alguien es un mal, pero si esa amputación sirve para salvar su vida, entonces aquí el mal, el daño, se convierte en un mal necesario.

La ejecución del mal en casos no tan claros como el expuesto puede ser ordenada por la autoridad y es lo que finalmente está en juego en *La paz perpetua:* «la vida de un hombre, el prisionero que posiblemente sea tan inocente como los que se pretende defender, un hombre que está ante la autoridad como *nuda vita,* un cuerpo animado (se le oye respirar y rezar detrás de una puerta cerrada, se siente su olor), pero sin derechos, y sobre el cual no puede actuar la ley, sino solamente la decisión soberana»[186].

Las dudas sobre la inocencia del individuo y sobre su posible actuación las abrigan los mismos perros: John-John confiesa que no sabe «si ese hombre es bueno o es malo», y Enmanuel le comenta al Humano: «Usted lo ha dicho: si tocamos a ese hombre, justificaremos su tenebrosa visión del mundo. Usted lo ha dicho: ¿en qué nos distinguiremos de él, si despreciamos la ley? Si ese hombre no tiene derechos, también los suyos están en peligro. Los de todos los hombres, la democracia...».

Se trata, por tanto, no solo de una cuestión ética sino de un asunto jurídico, de una posible suspensión de la ley por el propio legislador, es decir, de la justificación del estado de excepción.

En el propio terreno de la filosofía jurídica la cuestión no deja de ser debatida: a la frase *dura lex, sed lex* se ha enfre-Atado dialécticamente la de *summum ius, summa iniuria*, y

185 Entrevista con Ana María Iglesia en *Núvol,* op. cit.

186 Simone Trecca, «Terrorismo y violencia en *La paz perpetua* de Juan Mayorga», Madrid, *Signa,* 20, 2011, pp 79 -100.

en la base de las justificaciones jurídicas del estado de excepción se encuentra la proposición tomada del *Decretum Gratiani*: «*necessitas legem non habet*»[187], que literalmente significa que «la necesidad no tiene ley», pero que se ha interpretado al menos en dos sentidos: «la necesidad no reconoce ley alguna» y «la necesidad crea su propia ley».

En esta línea, el estado de excepción en que se encontraba Alemania bajo el presidente Hindenburg fue justificado constitucionalmente por Carl Schmitt, argumentando que el presidente actuaba como «guardián de la constitución». Sin embargo, el fin de la república de Weimar puso de manifiesto que una «democracia protegida» no es una democracia y que tal situación conduce fatalmente a la instauración de un régimen totalitario.

Estas cuestiones, que encuentran una ilustración dramática en *La paz perpetua,* han sido analizadas de forma magis-

[187] Se ha acuñado también la expresión «*necessitas caret lege*», «la necesidad carece de ley», que la etimología popular e incluso autores cultos han traducido como «la necesidad tiene cara de hereje» : «*Hombre pobre, no te extrañe / que todo el mundo te deje/ porque la necesidad,/ tiene carita de hereje*» (F. Rodríguez Marín, *Cantos populares españoles,* Sevilla, Francisco Álvarez y Cía, 5, vols. 1882-1883, nº 6651); «*No hay persona que hablar deje / al necesitado en plaza; / todo el mundo le es mordaza, / aunque él por señas se queje; que tiene cara de hereje/ sin fe la necesidad. / Verdad!* (Luis de Góngora, *Obras completas,* ed. Juan e Isabel Millé Gímenez, Madrid, Aguilar, 1972, p. 321); «*Deleite y necesidad / tienen la cara de hereje: / necesidad cuando nace / y deleite cuando muere*» (Francisco de Quevedo, *Poesía original completa,* Edición de José Manuel Blecua, Barcelona, Planeta, 1999, p. 1075); «*Allí / la Necesidad, haciendo / cara de hereje, / da voces*» (Lope de Vega, *La estrella de Sevilla,* Edición de Juan Manuel Villanueva Fernández, Madrid, Castalia, 2009, p. 128); «*Fue la primera vez que vi a la necesidad su cara de hereje*» (Mateo Alemán, *Guzmán de Alfarache,* ed. de Benito Brancaforte, Madrid, Cátedra, I, p. 252).

tral por Juan Mayorga[188], que pone en relación las ideas del citado Carl Schmitt con las de Donoso Cortés y Walter Benjamin. Ante los posibles reparos a estas comparaciones, Mayorga aclara que Benjamin, como izquierdista y como judío, fue víctima de un proceso del que Carl Schmitt fue corresponsable. «Sin embargo, no debería ser necesario subrayar, según nuestro dramaturgo, que el reconocimiento de analogías entre las formas de pensar benjaminiana y schmittiana no implica atribuir a Benjamin, por ejemplo, el análisis que Schmitt propone del problema de la soberanía, ni mucho menos su solución decisionista»[188].

Carl Schmitt recupera la analogía que lleva a cabo Donoso Cortés entre el milagro como fenómeno excepcional en la naturaleza y la dictadura como situación excepcional en el Estado, «pero al recuperar esta analogía, Schmitt señala que lo milagroso del estado de excepción no reside en la dictadura emergente, sino en la quiebra de la continuidad jurídica»[190].

Mayorga considera que la investigación filosófica sobre estos autores y sobre otros, como George Sorel, Ernst Jünger, etc., está vinculada a su teatro no sólo en su contenido, sino también en su forma: «Hay una tensión, un conflicto en la propia forma de la tesis, en la que se muestra cómo elementos nacidos en una tradición se dejan reconocer desplazados, invertidos, en otra». Y lo ejemplifica, como se ha señalado, con la noción de *estado de excepción* acuñada por Carl Schmitt, para quien lo que define al soberano no es que dicte la ley, sino que pueda suspenderla, y con la concepción de Walter Benjamin, para quien el verdadero estado de excepción sería

188 Juan Mayorga, *Revolución conservadora y conservación revolucionaria. Política y memoria en Walter Benjamin*, Barcelona, Anthropos, 2003.

189 Ibídem, p. 152.

190 Ibídem, p. 156.

la revolución, la interrupción de la injusticia histórica[191]. Si en Schmitt, el estado de excepción suspende el derecho para preservar el orden, y en Donoso Cortés realiza una justicia que no cabe en derecho, «en Benjamin, el estado de excepción interrumpiría un orden injusto»[192].

En el marco de este debate hay que entender lo que plantea el Humano en *La paz perpetua:* «Para salvar la ley, a veces es necesario suspenderla».

Juan Mayorga se nutre de las grandes teorías científicas y filosóficas que tiene incorporadas en su amplia enciclopedia. Los autores citados son sólo algunos ejemplos. En *La paz perpetua* se refiere expresamente a Hobbes, a Pascal y a Kant, cuyo texto podría considerarse de una forma muy libre el hipotexto de la obra de nuestro dramaturgo.

Emmanuel plantea la cuestión de la existencia de Dios en Pascal como una apuesta, como una ruleta de dos casillas, y John-John reproduce el argumento: «Una ruleta: Dios existe o Dios no existe. Si apuestas aquí, la eternidad; si no ¿qué pierdes, eh? (...) Todo empezó por un murmullo detrás de esa puerta, entonces él me preguntó acerca de Dios y al rato estábamos hablando del tal Pascal». Mayorga ha explicado que cuando aparece la famosa apuesta de Pascal, Enmanuel la está utilizando como una estrategia para confundir a John-John y salir de una situación de peligro.

Emmanuel más tarde cita a Hobbes, pero lo interrumpe el Humano. Sin embargo repite la tesis de Kant: «El lema de Kant: *Sapere aude!* Quiere decir: piensa por ti mismo; no dejes que nadie te diga lo que debes pensar; hazte preguntas, confía en tu razón. *Sapere aude!*».

[191] Raquel Blanco y Ángel Talián, «Juan Mayorga: "La filosofía no es una disciplina académica, es un plan de vida; todos estamos llamados a ser filósofos"», *www.jotdown.es*; fecha consulta 2 de agosto, de 2015.

[192] Juan Mayorga, *Revolución conservadora y conservación revolucionaria*, op. cit., p. 156.

Mayorga, en conversación con Nieves Mateo y David Ladra, ha explicado el sentido de las palabras de Enmanuel en la obra y ha sintetizado la tesis de Kant en *La paz perpetua*: «Lo que dice Kant es que, igual que los seres humanos hemos sido capaces individualmente de dominar la bestia que llevamos dentro por puro egoísmo y hemos formado sociedades, también las naciones irán llegando a acuerdos para no devorarse unas a otras. Esto es, más o menos, lo que debe decir Enmanuel. Y esto debe entenderlo John-John y hasta el último espectador»[193].

El filósofo de Königsberg habla en la sección segunda de *La paz perpetua* de la necesidad de instaurar la paz, ya que el hombre es belicoso por su naturaleza: la paz entre hombres que viven juntos no es un estado de naturaleza –*status naturalis*–; el estado de naturaleza es más bien la guerra, es decir, un estado en donde, aunque las hostilidades no hayan sido rotas, existe la constante amenaza de romperlas. Por tanto, la paz es algo que debe ser «instaurado».

Aunque haya podido sugerirse que las palabras de Enmanuel reproducen la tesis de Juan Mayorga, el propio dramaturgo prefiere hablar, más que de proyectarse en sus personajes, de comprenderlos, de hacerse cargo de sus heridas:

> Yo, como hombre de teatro, tengo que defender a mis personajes; no justificarlos, sino intentar hacerme cargo de sus heridas. En *La paz perpetua*, me importaba mucho el personaje del Ser Humano. Es un personaje del que me siento personalmente muy distanciado, como me siento muy distanciado del comandante nazi de *Himmelweg* o del Rivas de *Hamelin*. Pero mi obligación es no caricaturizarlos, sino intentar ponerme en su mejor versión posible, en aquella en

[193] Nieves Mateo y David Ladra, «Conversación con Juan Mayorga», *Primer Acto*, 326, 2008, pp. 63-71.

> la que no sean vistos como unos monstruos distantes, sino como alguien en quien yo reconozca mi propio monstruo. El personaje del Ser Humano ha de lanzar un discurso moral tan convincente como sea posible para legitimar la tortura. Y esto es algo que me cuesta enormemente, porque yo estoy frente a ella como ciudadano, pero creo que la obra será tanto más útil cuanto más convincente sea ese discurso, de forma que sea el espectador y no el propio espectáculo el que contradiga ese discurso. Si el espectador siente que los argumentos de ese hombre son poderosos, generará sus propios contraargumentos, y ésos son siempre más interesantes que los que el autor pueda proponer[194].

Lo fascinante del teatro para Mayorga es su carácter dialéctico y el que se pueda defender a muerte a personajes o posiciones con las que el autor no coincide. En cuanto a lo que a veces se considera una actitud moralizante, «pastoreante o sacerdotal», llama la atención «sobre el hecho de que en la primera obra dramática que conservamos, *Los persas* de Esquilo, aparece al final, a la sombra del discurso del rey Darío, el pensamiento de Esquilo al cien por cien, que viene a decir: «esto que les ha pasado a los persas por orgullosos, por dejarse llevar por la «hybris», es lo que nos pasaría a nosotros si incurriésemos en el mismo error». O sea que el ingreso del autor en la obra no ha de ser rechazado a priori y hay mucho prejuicio hoy injusto»[195].

En este sentido, Juan Mayorga nunca incurre en el maniqueísmo y considera muy apropiada para el teatro esa noción

194 Ruth Vilar y Salva Artesero, «Conversación con Juan Mayorga», op. cit.

195 Nieves Mateo y David Ladra, «Conversación con Juan Mayorga», op. cit., pp. 63-71.

de *zona gris* de la que habla Levi en *Los hundidos y los salvados,* esa zona en la que, además de las víctimas y los verdugos, están aquellos que sobreviven en una zona híbrida en la que al mismo tiempo son víctimas y verdugos. Y esa es la zona moralmente interesante, que todos pisamos alguna vez.

Para Mayorga, el teatro es el medio ideal para presentar lo complejo en tanto que complejo: «Por supuesto que eso a uno le puede hacer pensar que es incurrir en la equidistancia, la falta de compromiso, o la ambigüedad. Yo creo que, por el contrario, de lo que se trata es de no reproducir el ruido del mundo sino, en algún modo, construir experiencias que nos obliguen a mirar más y más hondo y a escuchar más. Esa es nuestra pequeña misión, hacer visible lo invisible, porque la realidad no es inmediatamente visible»[196].

Juan Mayorga, en la línea de lo expuesto por Aristóteles en el capítulo VII de la *Poética,* observa que los grandes maestros del teatro consiguieron encontrar la sencillez compleja: «Consiguieron que sus obras fuesen ricas en planos, en niveles de interpretación, en lecturas. Consiguieron construir obras tan complejas como lo es la experiencia humana. Pero también fueron capaces de hacer que, de un modo inmediato y directo, muy distintos espectadores hiciesen suya esa experiencia que se les presentaba en escena»[197].

Esta complejidad, que no ambigüedad, explica que los finales de sus obras y, en general, todo el desarrollo de la acción dramática, no tengan una estructura cerrada, sino abierta y dialógica, para que la complete la enciclopedia particular de cada espectador.

196 Ibídem, p. 70.

197 Juan Mayorga, «Ni una palabra más», *Primer Acto,* nº 287, 2001, pp. 14-16; también en «ADE Teatro», nº 85, 2001, pp. 27-28; y en César Oliva (ed.), *El teatro español ante el siglo XXI*, Síntesis, Madrid, 2002, pp. 285-288.

En este sentido pueden ser interpretados los distintos finales propuestos para *La paz perpetua*, comentados por el propio dramaturgo:

> Para empezar, el texto, tal como se publicó por primera vez en PRIMER ACTO, termina con que es el Humano quien entra por la puerta B y los perros se quedan aullando. José Luis Gómez me propuso que fuesen liquidados. Yo como lo interpreté cuando me lo dijo –«mira, voy a matar a los perros porque es lo que está pidiendo la obra»– es que era lógico que los matasen porque no habían superado la prueba. Pero después me he dado cuenta de que eso convierte al Humano y a su organización en los «malos» y altera el significado de la obra. El hecho de que maten a los perros hace que el espectador muy difícilmente pueda adherirse al discurso del Humano. De modo que, en lo que se refiere al final, yo lo que ahora considero es lo siguiente: primero, yendo de lo menos importante a lo más importante, creo que el discurso del Humano ha de ser más comprimido, que hay que insistir en el carácter moral de ese discurso: «nosotros salvamos la democracia cada día, salvamos vidas». Eso es lo importante y no «estamos combatiendo contra un enemigo que no se deja ver», pues eso puede ser interesante pero, al menos hoy, no sé si dentro de veinte años, está en el discurso colectivo[198].

Según el dramaturgo, «el discurso del Humano es profundamente falaz pero al mismo tiempo muy consistente»[199].

198 Nieves Mateo y David Ladra, «Conversación con Juan Mayorga», op. cit., pp. 63-71.

199 Claire Spooner, *Le théâtre de Juan Mayorga*, op. cit., p. 476.

Juan Mayorga anunciaba ya una tercera versión, que ha sido comentada, entre otros, por Manuel Barrera Benítez y Simone Trecca. En esta nueva versión, como señala Trecca, en la trama se va revelando que el objetivo de los exámenes es medir la confianza que se podía tener en Enmanuel, que se niega a torturar a un prisionero que podría tener información sobre un posible atentado terrorista, y parece demostrarles a los evaluadores que tal confianza es imposible y, por consiguiente, los empuja a dejar que Odin y John-John maten a su rival[200].

En esta misma línea se había manifestado Barrera Benítez, para quien este final constituye «la diferencia fundamental (...), mientras en la edición de *Primer Acto* el Humano entra, solo, por la puerta B y los perros sólo aúllan, en la de KRK nos encontramos con un texto más extenso, más elaborado y que implica mayor cantidad de acción a la par que un más claro posicionamiento del autor al presentar a Enmanuel como el mártir que muere protegiendo la vida que John-John y Odin se disponen a segar por orden del Humano»[201].

En el final de esta versión, en efecto, el Humano «hace una señal a John-John y a Odin, que van hacia la puerta B. Pero Enmanuel les cierra el paso, protegiendo la puerta. John-John y Odin amenazan a Enmanuel que no cede. John-John y Odin atacan a Enmanuel. Enmanuel muere»[202].

En la versión de *Teatro 1989-2014*[203] se mantiene ese final. En nuestra edición se introducen algunas variantes: «*Deja ir a John-John y a Odín, que van hacia la puerta B.*

[200] Simone Trecca, «Terrorismo y violencia en *La paz perpetua* de Juan Mayorga», op. cit., p. 81.

[201] Manuel Barrera Benítez, «Estructura y sentido de *La paz perpetua* de Juan Mayorga», en *Acotaciones,* nº 23, 2009, pp. 47-65.

[202] Juan Mayorga, *La paz perpetua,* Oviedo, KRK, 2009, p. 91.

[203] Juan Mayorga, *Teatro 1989-2014*, op. cit., pp. 544-545.

Enmanuel les cierra el paso, protegiendo la puerta. John-John y Odín atacan a Enmanuel. Enmanuel muere».

El dramaturgo, fiel a su proceder de corrección continua, introduce pequeñas modificaciones formales en el discurso del Humano, que no afectan para nada al sentido de la obra[204].

En nuestra edición las modificaciones más importantes las ha introducido en las últimas escenas, aunque el desenlace es el mismo que el de la versión de *Teatro 1989-2014.*

Modificaciones y variantes aparecen en el resto de la obra, que por ese continuo afán de perfección, que en definitiva es un acto de respeto hacia el público, hacia los personajes, hacia su propia biología y hacia la escritura, le llevan a reelaborar y a reescribir constantemente sus textos.

204 En la edición de KRK: «Hay vidas en juego. ¿Cuántas está dispuesto a sacrificar a sus palabras?»; en la versión de *Teatro 1989-2014*, op. cit., p. 544: «¿Cuántas vidas está dispuesto a sacrificar a sus palabras?», en nuestra edición: «¿Cuántas vidas sacrificará a sus palabras?».

B I B L I O G R A F Í A

OBRAS TEATRALES DE JUAN MAYORGA

Siete hombres buenos
Accésit del premio Marqués de Bradomín 1989.

Ediciones: 1) «Marqués de Bradomín 1989», Instituto de la Juventud, Madrid, 1990, pp. 97-185; 2) La Uña Rota, Segovia, 2014.

Más ceniza
Premio «Calderón de la Barca» 1992, ex aequo.

Ediciones: 1) *Primer Acto*, nº 249 (1993), pp. 49-87; 2) «Calderón de la Barca 1992», Ministerio de Cultura, Madrid, 1994, pp. 7-72; 3) Visor, Madrid, 1996; 4) Digital: Novalibro. com; 5) *Pygmalion*, nº 5 (2013), pp. 117-158; 6) La Uña Rota, Segovia, 2014.

El traductor de Blumemberg.

Ediciones: 1) «Nuevo Teatro Español» nº 14, Ministerio de Cultura, Madrid, 1993, pp. 25-84; 2) *Animales nocturnos*

/ El sueño de Ginebra / El traductor de Blumemberg, La Avispa, Madrid, 2003, pp. 73-111; 3) Digital: www.parnaseo. uv.es; 4) La Uña Rota, Segovia, 2014.

El sueño de Ginebra.

Ediciones: 1) *Panorámica del teatro español actual*, de Candyce Leonard y John P. Gabriele, Fundamentos, Madrid, 1996, pp. 95-114; 2) *Monólogos de dos Continentes*, Corregidor, Buenos Aires 1999, pp. 225-249; 3) *Animales nocturnos / El sueño de Ginebra / El traductor de Blumemberg*, La Avispa, Madrid, 2003, pp. 51-72.

El jardín quemado.

Ediciones: 1) *Escena*, nº 43 (1998), pp. 43-58; 2) Universidad de Murcia, Murcia 2001; 2ª edición: 2007; 3) Digital: www. caoseditorial.com; 4) La Uña Rota, Segovia, 2014.

Angelus Novus

Edición: La Uña Rota, Segovia, 2014.

Cartas de amor a Stalin
Premio Caja España 1998, Premio Borne 1998, Premio Celestina al mejor autor en la temporada 1999-2000.

Ediciones: 1) *Primer Acto*, nº 280 (1999), pp. 65-88; 2) *Signa*, nº 9 (2000), pp. 211-255; 3) SGAE, Madrid, 2000; 4) En *Testimonios del teatro español: 1950-2000*, vol. I, Girol Books, Ottawa 2002; 5) Digital: www.celcit.org.ar; 6) La Uña Rota, Segovia, 2014.

El Gordo y el Flaco

Ediciones: 1) *Acotaciones*, nº 7 (2001), pp. 95-138; 2) *Palabra de perro / El Gordo y el Flaco*, Teatro del Astillero, Madrid, 2004, pp. 59-111; 3) Digital: www.celcit.org.ar; 4) La Uña Rota, Segovia, 2014.

Himmelweg (Camino del cielo)
Premio Enrique Llovet 2003.

Ediciones: 1) *Historias de las fotografías*, Caja Madrid, Madrid, 2002, pp. 121-131; 2) «abril», octubre 2004, pp. 9-45; 3) *Primer Acto*, nº 305 (2004), pp. 29-56; 4) Diputación de Málaga, 2004; 5) Pasodegato, México, 2007; 6) Losada, Buenos Aires, 2007; 7) Ñaque, Ciudad Real, 2011; 8) La Uña Rota, Segovia, 2014.

Sonámbulo
(A partir de «Sobre los ángeles», de Rafael Alberti).

Edición: *Primer Acto*, nº 300 (2003), pp. 27-53.

Animales nocturnos

Ediciones: 1) *Animales nocturnos / El sueño de Ginebra / El traductor de Blumemberg*, La Avispa, Madrid, 2003, pp. 7-49; 2) *El teatro de papel*, nº 1, pp. 175-251; 3) Digital: www.cnice.mecd.es/wt/index.html; 4) La Uña Rota, Segovia, 2014.

Palabra de perro
(A partir de «El coloquio de los perros», de Cervantes)

Edición: *Palabra de perro / El Gordo y el Flaco*, Teatro del Astillero, Madrid, 2004, pp. 5-57.

Últimas palabras de Copito de Nieve
Premio Telón Chivas 2005; Finalista del Premio Max 2005 al Mejor Autor

Edición: Ñaque, Ciudad Real 2004. Traducción al portugués de Antonio Gonçalves: *Últimas palabras de Floquet de Neu*. Edición: *Intervalo*, nº3, pp. 9-20.

Job
(A partir del Libro de Job y de textos de Elie Wiesel, Zvi Kolitz y Etti Hillesum).

Edición: *La autoridad del sufrimiento. Silencio de Dios y preguntas del hombre*, de Fernando Bárcena y otros, Anthropos, Barcelona 2004, pp. 115-136.

Hamelin
Premio Max al Mejor Autor 2006, Premio Ercilla 2006, Premio Telón Chivas 2006, Premio Quijote de la Asociación Colegial de Escritores al mejor autor en el año 2005.

Ediciones: 1) Ñaque, Ciudad Real, 2005, 2ª edición, 2007; 2) La Uña Rota, Segovia, 2014; 3) Cátedra-Letras Hispánicas, Madrid, 2015, ed. de Emilio Peral Vega.

Primera noticia de la catástrofe
(A partir de *Historia de las Indias*, de Bartolomé de las Casas).

Edición: En *Responsabilidad histórica. Preguntas del nuevo al viejo mundo*, de Gustavo Gutiérrez y otros, Anthropos, Barcelona, 2007, pp. 377-393.

El chico de la última fila
Premio Max al mejor autor 2008, Premio Telón Chivas 2007.

Ediciones: 1) Ñaque, Ciudad Real, 2006; 2) La Uña Rota, Segovia, 2014.

Fedra

Edición: KRK, Oviedo 2010.

La tortuga de Darwin
Premio Max al mejor autor 2009; Premio Teatro de Rojas al mejor autor 2008.

Ediciones: 1) Ñaque, Ciudad Real, 2008; 2) La Uña Rota, Segovia, 2014; 3) Cátedra-Letras Hispánicas, Madrid, 2015, ed. de Emilio Peral Vega.

La paz perpetua
Premio Valle Inclán 2009.

Ediciones: 1) *Primer Acto* nº 320 (2007), pp. 51-82; 2) CDN, Madrid, 2008; 3) KRK, Oviedo, 2009; 4) La Uña Rota, Segovia, 2014.

El elefante ha ocupado la catedral

Edición (con ilustraciones de Daniel Montero Galán y canciones de Pedro Sarmiento): Veintisiete Letras, Madrid, 2012.

El crítico (Si supiera cantar, me salvaría)

Ediciones: 1) *Revista de Occidente*, nº 378, 2012, pp. 210-249; 2) La Uña Rota, Segovia, 2014.

La lengua en pedazos

Premio Nacional de Literatura Dramática 2013.

Ediciones: 1) En *Religión y laicismo hoy. En torno a Teresa de Ávila*, de Rafael Díaz-Salazar y otros, Anthropos, Barcelona 2010, pp. 113-139; 2) *Primer Acto*, nº 342, I/2012, pp. 67-82; 3) La Uña Rota, Segovia, 2014.

El cartógrafo (Varsovia 1:400.000)

Ediciones: 1) En *Memoria–política–justicia. En diálogo con Reyes Mate*, ed. de Alberto Sucasas y José A. Zamora, Trotta, Madrid, 2010; 2) La Uña Rota, Segovia, 2014.

El arte de la entrevista

Ediciones: 1) *Abril*, abril 2013, pp. 7-47; 2) CDN, Madrid, 2014; 3) La Uña Rota, Segovia, 2014.

Los yugoslavos

Edición: La Uña Rota, Segovia, 2014.

Reikiavik

Edición: La Uña Rota, Segovia, 2014.

Alejandro y Ana. Lo que España no pudo ver del banquete de la boda de la hija del presidente con Juan Cavestany.

Edición: En *Animalario*, Plaza y Janés, 2005, pp. 277-301.

Teatro para minutos

(Recopilación de textos de teatro breve), Ciudad Real, Ñaque, 2009.

Es autor de las siguientes versiones de textos clásicos

> *La visita de la vieja dama*, de Friedrich Dürrenmatt; *El monstruo de los jardines*, de Calderón de la Barca; *La dama boba*, de Lope de Vega; *Natán el sabio*, de Gotthold Ephraim Lessing; *Fuente Ovejuna*, de Lope de Vega; *El Gran Inquisidor*, de Feodor Dostoievski; *Divinas palabras*, de Valle-Inclán;*Un enemigo del pueblo*, de Henrik Ibsen; *Rey Lear*, de William Shakespeare; *Wstawac* (a partir de textos de Primo Levi); *Ante la Ley* (a partir de *En la catedral*, noveno capítulo de *El proceso*, de Franz Kafka); *Platonov*, de Anton Chejov;*Woyzeck*, de Georg Büchner; *La vida es sueño*, de Calderón de la Barca; *Hécuba*, de Eurípides; *Don Juan Tenorio*, de Zorrilla.

REFERENCIAS BIBLIOGRÁFICAS SOBRE JUAN MAYORGA[203]

Abizanda Losada, Carmen, *La obra dramática de Juan Mayorga (1989-2009): teatro histórico-político y teatro social*, Tesis Doctoral dirigida por José María Paz Gago, A Coruña, Facultade de Filoloxía, Departamento de Filoloxía Española e Latina, Universidade da Coruña, 2013.

Amestoy, Ignacio, «¿Cuándo se volvieron locos? *El jardín quemado* de Juan Mayorga», *Las puertas del drama*, nº 18, 2004, pp. 37-38.

205 La mayoría de las referencias de esta relación me ha sido proporcionada por el propio autor. He podido consultar también referentes bibliográficos, gracias a la tesis citada de Claire Spooner, así como a la edición de Emilio Peral Vega, de *Hamelin* y *La tortuga de Darwin*, de Juan Mayorga, Madrid, Cátedra, 2015.

Araújo, Luis, «*Un enemigo del pueblo.* Ibsen y Mayorga, una lectura compartida», *Primer Acto,* 317 (2007), pp. 10-14.

Aznar Soler, Manuel, «Teatro, política y memoria en *El jardín quemado,* de Juan Mayorga», *Anales de Literatura Española Contemporánea,* vol. 31, nº 2 (2006), pp. 79-118.

Barrera Benítez, Manuel, «El teatro de Juan Mayorga», *Acotaciones,* 7 (2001), pp. 73-94.

———, «Estructura y sentido de *La paz perpetua* de Juan Mayorga», *Acotaciones,* 23 (2009), pp. 47-65.

———, «Introducción a *La paz perpetua* de Juan Mayorga», Oviedo, KRK Ediciones, 2009, pp- 9-26.

———, El espíritu ilustrado de *La paz perpetua* de Juan Mayorga», *Contraluz,* 4 (2010), pp. 30-49.

———, «*Himmelweg,* un sólido drama moderno», *Contraluz,* 5 (2011), pp. 103-112.

Benico, Anna, «Perros pícaros e perros clandestinos da Cervantes a Mayorga», *Triennale,* 2006-2007.

Borgna, Gabriela, «El mayor de los misterios». Entrevista con Juan Mayorga». *Teatro. La revista del Complejo Teatral de la Ciudad de Buenos Aires,* 88 (2007), pp. 45-47.

Brizuela, Mabel, (ed.). *Un espejo que despliega. El teatro de Juan Mayorga,* Córdoba (Argentina), Universidad Nacional de Córdoba, 2007.

Burel, Erwan, *Animalización del personaje en «La paz perpetua» y «Animales nocturnos» de Juan Mayorga,* Memoria de Licenciatura, Aix-en-Provence, Université de Aix-en-Provence, 2011.

Cabrera, Lucía, *Tragedia contemporánea y su posibilidad,* Tesis Doctoral, Barcelona, Universidad Autónoma de Barcelona, 2008.

Carnevali, Davide, *Per un teatro critico:strategie e tendenze drammaturgiche nell opera di Juan Mayorga,* Tesis Doctoral, Milano, Università di Milano, 2006.

———, «Orizzonti e prospecttive di un teatro critico», en Juan Mayorga, *Teatro,* Milano, Ubulibri, 2008, pp. 7-13.

Carnevali, Davide, «Juan Mayorga tra impegno político e recerca formale», *Stratagemmi,* 2010, pp. 211-230.

Checa Puerta, Julio, «Últimos estrenos de Juan Mayorga: ¿un punto de inflexión en la escena madrileña actual?», en *Tendencias escénicas al inicio del siglo XXI,* José Romera, (ed.), con la colaboración de Francisco Gutiérrez Carbajo e Irene Aragón, Madrid, Visor Libros, 2006, pp. 383-398.

Cordone, Gabriela, «*La tortuga de Darwin,* de Juan Mayorga: hacia una lectura benjaminiana de la Historia», *Estreno,* 2, 2001, pp. 101-114.

Cornago, Óscar, «Dramaturgias para después de la historia», en José Antonio Sánchez *et al., Repensar la dramaturgia. Errancia y transformación,* Murcia, CENDEAC-Centro Párraga, 2011, pp. 263-285.

Cortina, Álvaro, «Juan Mayorga: el teatro y la palabra», *Claves de la Razón Práctica,* 227, 2013, pp. 166-175.

Cremonte, Ángela, «Identidad, lenguaje y traducción en *Últimas palabras de Copito de Nieve* de Juan Mayorga», en *Tendencias escénicas al inicio del siglo XXI,* José Romera, (ed.) con la colaboración de Francisco Gutiérrez Carbajo e Irene Aragón, Madrid, Visor Libros, 2006, pp. 413-426.

De las Peñas Gil, Carmen, *El teatro crítico de Juan Mayorga,* Tesis Doctoral, Madrid, UNED, 2008.

Doménech, Fernando, «El retorno del compromiso. Política y sociedad en el teatro último (Juan Mayorga y Ernesto Caballero)», en *Tendencias escénicas al inicio del siglo XXI,* José Romera, (ed.) con la colaboración de Francisco Gutiérrez Carbajo e Irene Aragón, Madrid, Visor Libros, 2006, pp. 505-518.

Dowling, Gwynneth, *Performances of Power in the Theatre of Juan Mayorga,* Tesis Doctoral, Queen University de Belfast, 2009.

Floeck, Wilfried, «La *shoah* en la era de la globalización: Juan Mayorga y el teatro de la memoria», *Don Galán. Revista de investigación teatral,* 2, 2012, pp.1-5.

Gabriele, John P. «El teatro como arte de la consciencia: *El hombre de oro* de Juan Mayorga», *Gestos*, 24, 1997, pp. 150-152.

———, «El teatro como palimpsesto: la configuración posmodena de la dramaturgia de Juan Mayorga», *Alpha. Revista de artes, letras y filosofía,* 15 (199), pp. 127-146.

———, «Entrevista con Juan Mayorga», *Anales de Literatura Española Contemporánea,* 25 / 3, 2000, pp. 1095-1104. También en *Los dramaturgos hablan: entrevistas con autores del teatro español contemporáneo,* Oviedo, KRK, 2009, pp. 175-188.

———, «Juan Mayorga: una voz del teatro español actual», *Estreno. Cuadernos de teatro español contemporáneo,* 26 /2 (2000), pp. 8-11.

———, «Posmodern Rhetoric in Three Plays by Juan Mayorga», *Estreno. Cuadernos de teatro español contemporáneo,* 26 /2 (2000), pp. 12-14.

———, «Character as the Site of Posmodern Inquiry in *Cartas de amor a Stalin, Ojancano. Revista de Literatura Española,* 24, 2003, pp. 3-22.

———, «Transgresiones de vida y arte en *Cartas de amor a Stalin,* de Juan Mayorga», *Neophilologus,* 88/1, 2004, pp. 73-80.

———, «(Re)Presenting the unrepresentable: Staging the Holocaust in Juan Mayorga's *Himmelweg (Camino del cielo), Letras Peninsulares,* 22.1, 2010, pp. 37-50.

García Barrientos, José Luis, «El Holocausto en el teatro de Juan Mayorga», en Mabel Brizuela, (ed.). *Un espejo que despliega. El teatro de Juan Mayorga,* Córdoba (Argentina), Universidad Nacional de Córdoba, 2007, pp. 39-63.

———, «Paradojas del teatro épico y dramático actual en español», *A Teatro,* nº 20, 2013-2014, pp. 112-116.

Gibas, Donald B. «Love Letters to Stalin» de Juan Mayorga, *Estreno,* 30.1, 2004, p. 44.

Gonçalves, Antonio, «*O traductor de Blumemberg*. Comentarios sobre a peça de Juan Mayorga», *Cadernos de Dramaturgia,* 2, 2003, pp. 14-14.

González Tognoni, Bernardo Antonio, «Una historia de dos ciudades en clave teatral: Juan Mayorga en Madrid, (*Hamelin*) / John Patrick Shanley en New York (*Doubt*), en VV. AA., *50 años de teatro contemporáneo. Temáticas y autores,* Madrid, MEC, 2007, pp. 9-25.

———, «El drama de la pederastia hoy: espacio, lenguaje y autoridad en *Hamelin* de Juan Mayorga», *Gestos,* 49 2010, pp. 73-90.

Gorría Ferrín, Ana, «La poética dramática de Juan Mayorga», *Primer Acto,* 342, 2012, pp. 44-56.

———, «Entrevista a Juan Mayorga», *Quimera,* 358, 2013, pp. 46-48.

Gutiérrez Carbajo, Francisco, «El animal no humano en algunas obra teatrales actuales», *Anales de Literatura Española Contemporánea,* 34/2, 2009, pp. 453-478.

———, *Literatura española desde 1939 hasta la actualidad,* Madrid, Editorial Universitaria Ramón Areces, 2011.

——— (ed.), en *Teatro breve actual. Modalidades discursivas,* Barcelona, Edhasa (Castalia), 2013.

Guzmán, Alison, «Memoria y fantasía de la Guerra Civil española en *Siete hombres buenos* y *El jardín quemado,* de Juan Mayorga», *Estreno,* 2, 2010, pp. 82-99.

Heras, Guillermo, «Nota del Director de Escena», *Signa,* 9 2000, pp. 212-213.

———, «*El traductor del Blumemberg*: el otro, el poder, la textualidad», *Barbaria, revista de Cultura e Información del ICI,* nº 24, Madrid, Agencia Española de Cooperación Internacional.

———, «Reflexiones sobre la puesta en escena de Cartas de amor a Stalin», *Miradas a la escena de fin de siglo (Escritos dispersos, II),* Valencia, Universitat de Valencia, 2003.

Henriques Luís, «O teatro da incerteza de Juan Mayorga», *Artistas Unidos,* 19, 2007, pp.106-108.

Henríquez, José, «Entrevista con Juan Mayorga», *Primer Acto,* nº 305, 2004, pp. 20-24.

Huerta Calvo, Javier, «Introducción a *Más ceniza* de Juan Mayorga», *Pigmalion. Revista de teatro general y comparado,* 5, 2013, pp. 103-115.

Liberman, Arnoldo, «Una partitura de la farsa: *Himmelweg*», *Raíces. Revista judía de cultura*, XXII, 74 (2008), pp. 14-18.

March, Robert, «Juan Mayorga y la resistencia de Harriet», *Cuadernos de Aleph*, 3, 2011, pp. 128-135.

——— y Martínez, Miguel Ángel, «Poéticas de la ausencia en *El cartógrafo. Varsovia I:400.000*», *Stichomythia,* 13 (2012), pp. 116-127.

Materna, Linda, «El poder y la libertad del artista en *Cartas de amor a Stalin* de Juan Mayorga», en Sandra Harper y Polly Hodge (eds), «El próximo acto: el teatro español en el siglo XXI», Rider University, Delware Ohio, *Estreno,* 2006, pp- 171-177.

Matteini, Carla, «Los motivos de Juan Mayorga», *Primer Acto,* 280, 1999, pp. 48-53.

Mayorga, Juan[206], *Revolución conservadora y conservación revolucionaria. Política y memoria en Walter Benjamin*, Barcelona, Anthropos, 2003.

———, «El estado de excepción como milagro. De Donoso a Benjamin», *Éndoxa,* nº 2, 1993, pp. 283-301.

———, «Los tres caminos del contrabandista. Prólogo a *El traductor de Blumemberg*», Madrid, Ministerio de Cultura, 1993, pp. 19-22.

———, «La humanidad y su doble», *Pausa,* nº 17-18, 1994, pp. 158-162.

———, «Crisis y crítica», *Primer Acto,* nº 262, 1996, p. 118.

———, «Teatro y 'shock'», *Cuadernos de dramaturgia contemporánea*, nº 1, 1996, pp. 43-44; «República de las Letras» Extra nº 6, 1997, pp. 79-80.

[206] Incluyo aquí los trabajos de Juan Mayorga sobre sus obras pero también sobre el teatro de otros autores y sobre otras cuestiones que pueden contribuir a entender mejor sus textos.

Mayorga, Juan, *Estatuas de ceniza* (conferencia pronunciada el 27 de junio de 1996 en la Universidad de Málaga). Versión italiana: *Statue di cenere*, en Federica Frasca, *Altra cenere* (Edición biligüe), Firenze, Aliena Editrice, 2004, pp. 68-71.

————, «Shock», *Primer Acto*, nº 273, 1998, p. 124.

————, «'Shock' y experiencia», *Ubú*, nº 4, 1998, p. 4.

————, «El topo en la historia. Franz Kafka o la esperanza en un mundo sin progreso», en M. Beltrán (ed.), *Judaísmo y límites de la modernidad*, Barcelona, Riopiedras, 1998, pp. 223-239.

————, «El anciano más bello del mundo», *El Cultural*, 21 de marzo de 1999, p.3.

————, «El espectador como autor», *Primer Acto*, nº 278, 1999, p. 122.

————, «El dramaturgo como historiador», *Primer Acto*, nº 280, 1999, pp. 8-10; segunda versión en Blanco *et al. Escribir para el teatro*, Alicante, MTAEC, 2007, pp. 141-155; también en Julio Checa (ed.), *50 años de teatro contemporáneo. Temáticas y autores*, Madrid, MEC, 2007, pp. 141-151; también en *Himmelweg*, Ciudad Real, Ñaque, 2011, pp. 175-187. Edición electrónica: Contratiempo Editorial, 10 de noviembre de 2013, http://www.contratiempo historia.org.

————, «Cultura global y barbarie global», *Primer Acto*, nº 280, 1999, pp. 60-62; también en Monleón, José (ed.), *Teatro y democracia*, Madrid, AAT, 2001, pp. 71-78.

————, «Bulgákov: la necesidad de la sátira», *Nueva Revista*, nº 66, 1999, pp. 134-141.

————, «El poder como lo sueña el impotente», *Las puertas del drama*, nº 0, 1999, p.41.

————, «El honor de los vencidos: La guerra de las Alpujarras en Calderón», *Acotaciones*, nº 3, 1999, pp. 20-36.

————, «Teatro para después de la historia», en *El Cultural*, 12 de abril de 2000, p. 43.

Mayorga, Juan, «De Nietzsche a Artaud. El retorno de Dioniso», en *El Cultural,* 24 de julio de 2001, p. 43; en *Pausa,* nº 24, julio de 2006, pp. 13-15.

———, «Ni una palabra más», en *Primer Acto,* nº 287, 2001, pp. 14-16; también en *ADE Teatro,* nº 85, 2001, pp. 27-28; en César Oliva Olivares (ed.), *El teatro español ante el siglo XXI,* Madrid, Sociedad Estatal España Nuevo Milenio, 2002, pp. 285-288.

———, «Misión del adaptador», en Pedro Calderón de la Barca, *El monstruo de los jardines,* Madrid, Fundamentos, 2001, pp. 61-66.

———, «China demasiado tarde», *Teatra,* nº 14-15, 2002, pp. 104-106.

———, «El teatro es un arte político», *ADE Teatro,* nº 95, 2003, p.10; también en *Himmelweg,* Ciudad Real, Ñaque, 2011, pp. 198-199.

———, «Esta guerra no es una guerra lejana», en *No a la guerra,* Madrid, CC.OO. / U.G.T., 2003.

———, «Teatro y verdad», en *Abril,* octubre de 2004, pp. 83-85; también en *El teatro de papel,* nº 1, pp. 157-160.

———, «Tobías sin el ángel», en *Blanco y Negro Cultural,* 25 de octubre de 2003, p. 24.

———, «Herida de ángel», en *Primer Acto,* nº 300, 2003, p. 26.

———, «Natán el Sabio: la Ilustración en escena», en José Jiménez Lozano y otros, *Religión y tolerancia. En torno a Natán el Sabio de E. Lessing,* Barcelona, Anthropos, 2003, pp. 79-120.

———, «El sexo de la razón: una lectura de «La dama boba», en Felipe B. Pedraza (ed.), *Lope de Vega en la Compañía Nacional de Teatro Clásico. Año 2002,* Madrid, CNTC, 2003, pp. 47- 59.

———, «Sanchís y la memoria común», en *Las puertas del drama. Revista de la Asociación de Autores de Teatro,* nº 20, otoño 2004, p. 36.

Mayorga, Juan, «¡Fuente Ovejuna, y viva el Rey Fernando!», en Lope de Vega, *Fuente Ovejuna,* Barcelona, Proa, 2005, pp. 27-30.

———, «Esa música amarga», en *ABCD las artes y las letras,* 21 de mayo de 2005, pp.32-33.

———, «El silencio del prisionero», en J. M. Almarza y otros, *La religión: ¿cuestiona o consuela? En torno a la Leyenda del Gran Inquisidor,* Barcelona, Anthropos, 2006, pp. 125-126.

———, «Stockmann contra todos», en Henrik Ibsen, *Un enemigo del pueblo,* Madrid, CDN, Madrid, 2007, pp. 11-13; también en *Primer Acto,* nº 317, 2007, pp. 7-9.

———, «Voces en el desierto», en Reyes Mate (ed.), *Responsabilidad histórica. Preguntas del nuevo al viejo mundo,* Barcelona, Anthropos, 2007, pp. 375-376.

———, «Acerca de "Educar contra Auschwitz", de Jean François Forges», en *Raíces. Revista judía de cultura,* nº 71, 2007, pp. 29-30.

———, «La extraña belleza de los números imaginarios», en *Primer Acto,* nº 315, 2006, pp. 128-129.

———, «La representación teatral del Holocausto», en *Raíces,* nº 73, 2007, pp. 27-30.; en *Abril,* nº 39, 2010, pp.75-83; también en *Himmelweg,* Ciudad Real, Ñaque, 2011, pp. 191-197.

———, «Escuchar sus nombres, defender nuestras almas», en E. Madina y otros, *El perdón, virtud política. En torno a Primo Levi,* Barcelona, Anthropos, pp.33-34.

———, «Mi padre lee en voz alta», en *Participación educativa,* nº 8, pp. 145-147.

———, «Esta noche Madrid es la ciudad más peligrosa», en *Acotaciones,* nº 20, pp.164-166.

———, «Un pequeño ser humano en una inmensa catedral», en Enrique Barón y otros, *Europa y el cristianismo. En torno a Ante la ley de Franz Kafka*, Barcelona, Anthropos, pp. 91-92.

Mayorga, Juan, «Un maestro de la muerte», en *El Cultural,* 5 de marzo de 2010, p. 37.

———, «Enzo Corman, un utopiste du théatre», en *Registres. Revue d études teatrales,* Printemps, 2010, pp. 150-152.

———, «Espiritualidad y subversión», en Rafael Díaz-Salazar y otros, *Religión y laicismo hoy. En torno a Teresa de Ávila,* Barcelona, Anthropos, 2010, pp. 111-112; también en *Primer Acto,* nº 342, 2012, pp. 57-58.

———, «El teatro piensa; el teatro da que pensar», en *Primer Acto,* nº 337, 2011, p. 16.

———, «Muertos sin tumba», en *Primer Acto,* nº 337, 2011, pp. 17-19.

———, «Hacia una justicia general anamnética», en *Isegoría. Revista de Filosofía Moral y Política,* nº 45, julio-diciembre 2011, pp. 715-718.

———, «Teatro y cartografía», en *Boletín Hispánico Helvético,* nº 19, primavera 2012, pp. 85-87.

———, «Un Quijote del siglo XX», en *La Razón,* 29 de abril de 2012, p. 81.

———, «¿Quién escribe estas palabras?», en *El ciervo,* nº 734, pp. 12-13.

———, «¿Quién escribe nuestras vidas?», en *La vida es sueño* de Calderón de la Barca, *Cuadernos Pedagógicos de la Compañía Nacional de Teatro Clásico,* nº 42, septiembre 2012, pp. 48-51.

———, «Muy lejos y muy hondo», en Pedro Calderón de la Barca, *La vida es sueño,* Madrid, CNTC, 2012, p. 11.

———, «La carga crítica de Calderón», en *El Cultural,* 12-18 de octubre de 2012, p. 40.

———, «Cuerpos diferentes», en *Primer Acto,* nº 344, pp. 153-154.

———, «Lo que espero de la crítica», en *Teatro. La revista del complejo teatral de Buenos Aires,* nº 114, mayo 2013, pp. 68-69.

Mayorga, Juan, «Theatrical cartography of a space of exception», en Estela Schindel y Pamela Colombo (eds.), *Spaces and the Memories of violence: Lanscape of Erasure, Dissapearance and Exception*, Palgrave Macmillan, 2014, pp. 91-93.

Monleón, José, «*Himmelweg,* de Juan Mayorga. La construcción de la memoria», en *Primer Acto,* nº 305, 2004, pp. 25-27.

———————, «La construcción de la memoria», en *Primer Acto,* nº 315, 2006, pp. 100-101.

———————, «Sobre *La paz perpetua.* Cumpleaños con Juan Mayorga», en *Primer Acto,* 320, 2007, pp. 30-32.

———————, «*Palabra de perro, El Gordo y el Flaco,* de Juan Mayorga», en *Primer Acto,* nº 320, 2007, p. 184.

Murillo, Jesús, «Juan Mayorga o la matemática del tiempo y la traducción», en *Fábula. Revista literaria,* nº 34, 2013, pp. 58-62.

Paco, Mariano de, «Juan Mayorga: teatro, historia y compromiso», en *Monteagudo,* nº 11, 2006, pp. 55-60.

Paterna, Enrico di, «El reloj y la canción: la dimensión metatextual», en *Himmelweg, Annalli dell Istituto Orientale di Nanapoli –sezione Romanza–,* LII/1-2, 2010, pp. 29-57.

———————, «La violencia nella cortesi: un' analisi di *Animale nocturnos,* di Juan Mayorga», en *Rivista de Filologia e Letterature Ispaniche,* nº13, 2010, pp. 143-166.

———————, «Del cuento a la escena desnuda: las fronteras y desdibujarse en *Hamelin,* de Juan Mayorga», en *Rassegna Iberistica,* nº 94, 2011, pp. 25-41.

———————, «La traduzione è un viaggio insidioso. Una lettura de *El traductor de Blumemberg,* di Juan Mayorga», en *Rivista de Filologia e Letterature Ispaniche,* nº 15, 2012, pp.107-124.

———————, «La forma della memoria. La Shoah nel teatro di Juan Mayorga», en Silvia Monti y Paola Belloni, (eds.). *Scene di vita. L'impregno civilenel taetro spagnolo contemporáneo,* Aalesandria, Dell Orso, 2012, pp. 23-50.

Peral Vega, Emilio, «Las nuevas promociones», en Javier Huerta Calvo (dir.), *Historia del teatro breve en España*, Madrid / Frankfurt, Iberoamericana / Vervuert, 2008, pp. 1256-1282.

———— (ed.), Juan Mayorga, *Hamelin, La Tortuga de Darwin*, Madrid, Cátedra, 2015.

Pérez Rasilla, Eduardo, «El lugar de la mujer en el teatro político de Juan Mayorga, *Cuadernos de Dramaturgia Contemporánea*, nº 15 (2010), pp. 39-60.

Ragué Arias, María José, «Las imágenes dialécticas y las estatuas de ceniza de Juan Mayorga», en *Teatro de fin de milenio en España (de 1975 hasta hoy)*, Barcelona, Ariel, 1996, pp. 247-249.

Ruggeri Marchetti, Magda, «El intelectual y la imposición ideológica en *Cartas de amor a Stalin* de Juan Mayorga», en *Cuadernos de Dramaturgia Contemporánea*, nº 5, 2000, pp. 115-127.

————, «Tres autores frente a la violencia: Guillermo Heras, Jerónimo López Mozo y Juan Mayorga», en *Cuadernos de Dramaturgia Contemporánea*, nº 9 (2004), pp. 115-128.

————, «Fedra, de Juan Mayorga en el Teatro Bellas Artes de Madrid» en *Assaig de teatre: Revista de l'associació d'investigació i experimentació teatral,* nº 60-61, 2007, p. 157.

Sodowska, Irère, «*Copito de Nieve* en el zoo del mundo», en *Primer Acto,* nº 321, 2007, p. 175.

Serrano, Virtudes, «Introducción» a *El jardín quemado*, Murcia, Universidad de Murcia, 2001, pp. 9-35.

Sorel, Andrés, «Cinco cuestiones a propósito de *La paz perpetua*: diálogo entre Andrés Sorel y Juan Mayorga», en *República de las letras*, nº 108, 2008, pp. 13-16.

Spooner, Claire, «Las obras breves de Juan Mayorga: ¿metáforas visibles?», en José Romera Castillo (ed.), con la colaboración de Francisco Gutiérrez Carbajo y Marina Sanfilippo, *El teatro breve en los inicios del siglo XXI,* Madrid, Visor Libros, 2011, pp. 315-331.

Spooner, Claire, *Le théâtre de Juan Mayorga: de la scène au monde à travers le prisme du langaje,* tesis Doctoral de la Universidad de Toulouse, presentada el 9 de julio de 2013.

————, «Una palabra más», en Juan Mayorga, *Teatro 1989-2014,* Segovia, La Uña Rota, 2014, pp. 11-21.

Trecca, Simone, «Terrorismo y violencia en *La paz perpetua* de Juan Mayorga», en *Signa,* nº 20, 2011, pp. 79-100.

————, «Buscando pasadizos: el *Teatro para minutos,* de Juan Mayorga», en José Romera Castillo (ed.), con la colaboración de Francisco Gutiérrez Carbajo y Marina Sanfilippo, *El teatro breve en los inicios del siglo XXI,* Madrid, Visor Libros, 2011, pp. 333-348.

Víllora, Pedro M., «Juan Mayorga y sus animales humanos», en *ABC,* 20 de noviembre de 2004.

Zani, Denis, *Il teatro de Juan Mayorga. Traduzione e studio de «El sueño de Ginebra»,* tesis doctoral, Pisa, Universidad de Pisa, 2007.

NOTA PREVIA

Juan Mayorga, doctor en Filosofía y licenciado en Matemáticas, es uno de los autores más representativos del teatro español actual. Ha obtenido, entre otros, los premios Nacional de Teatro (2007), Nacional de Literatura Dramática (2012), Valle-Inclán (2009), Ceres (2013), La Barraca (2013) y Max al mejor autor (2006, 2008 y 2009) y a la mejor adaptación (2008 y 2013). En 2011 fundó la compañía La Loca de la Casa, con la que en 2012 puso en escena su obra *La lengua en pedazos.*

Su obra teatral ha sido traducida a los idiomas alemán, árabe, búlgaro, catalán, coreano, croata, checo, danés, estonio, euskera, finlandés, francés, gallego, griego, hebreo, húngaro, inglés, italiano, noruego, polaco, portugués, rumano, ruso, serbio, turco y ucraniano.

Se incluyen aquí *Cartas de amor a Stalin* y *La paz perpetua,* que han sido revisadas y levemente modificadas por el autor para esta edición, y que, en el proceso constante de reelaboración de sus textos, han ido experimentando variantes a lo largo de las diversas ediciones.

La obra *Cartas de amor a Stalin,* Premio Caja España 1998, Premio Borne 1998, Premio Celestina al mejor autor en la temporada 1999-2000, ha sido editada con anterioridad en: 1) *Primer Acto,* nº 280 (1999), pp. 65-88; 2) «*Signa*» nº 9 (2000), pp. 211-255; 3) Madrid, SGAE, 2000; 4) En *Testimonios del teatro español: 1950-2000*, vol. I, Ottawa, Girol Books, 2002; 5) En Juan Mayorga, *Teatro 1989-2014*, prólogo de Claire Spooner, Segovia, La Uña Rota, 2014, pp. 219-258.

Por su parte, *La paz perpetua* (Premio Valle Inclán 2009) ha conocido con anterioridad las siguientes ediciones: 1) *Primer Acto,* nº 320 (2007), pp. 51-82; 2), Madrid, Centro Dramático Nacional, 2008; 3) KRK Ediciones, Oviedo, 2009, con introducción de Manuel Barrera Benítez; 4) En Juan Mayorga, *Teatro 1989-2014*, prólogo de Claire Spooner, Segovia, La Uña Rota, 2014, pp. 513-545.

CARTAS DE AMOR A STALIN

A mi hijo Miguel

En casa de los Bulgákov. Allí donde él escribe.

1

Bulgákov escribe. Hasta que nota que su mujer lo está mirando. Ella acaricia la mano con la que él escribe.

Bulgákova– ¿Sabes cuánto he deseado este momento? Llevabas meses sin hacerlo. Ni una palabra desde *Corazón de perro*. ¿Qué es? ¿Una comedia?

Bulgákov niega.

¿Una novela? ¿La segunda parte de *La guardia blanca*?

Bulgákov niega.

¿Un poema?

Bulgákov– Una carta.

Bulgákova– (*Decepcionada.*) ¿Una carta?

Bulgákov– ¿Quieres que te la lea?

Bulgákova– Sabes que me gusta ser la primera en conocer tus obras. Una carta es otra cosa, desde luego. Al verte con la pluma sobre el papel, pensé que... Pero has vuelto a sentarte aquí, eso es lo que importa. Lo importante es que has vuelto al lugar en que escribiste *El apartamento de Zoika*. Claro que sí, léeme esa carta.

Bulgákov– (*Leyendo.*) «Estimado camarada: Mi obra *La huida*, cuyo estreno estaba previsto para el próximo septiembre, ha sido prohibida durante los ensayos. Las representaciones de *La Isla Púrpura* han sido prohibidas. *Los días de los Turbin*, después de trescientas representaciones, ha sido prohibida. *El apartamento de Zoika*, después de doscientas representaciones, ha sido prohibida. Así pues, mis cuatro obras teatrales se encuentran prohibidas. La edición de mis relatos ha sido prohibida, igual que han sido prohibidos mis ensayos. La lectura pública de *Las aventuras de Chichikov* ha sido prohibida. La publicación de mi novela *La guardia blanca* en la revista *Rossia* ha sido prohibida. No tengo ánimos para vivir en un país en el que no pue-do ni representar ni publicar mis obras. Me dirijo a usted para pedirle que se me devuelva mi libertad como escritor (*Pausa.*) o se me expulse de la Unión Soviética junto con mi esposa».

Pausa.

Bulgákova– ¿Irnos de Rusia, Mijaíl?

Largo silencio. Bulgákov no replica.

¿De verdad crees que podemos vivir en otro país? No podemos. Es nuestro cielo, nuestra lengua, nuestra gente...

Largo silencio. Bulgákov no replica.

Ya sé que todos parecen haber cambiado, que éste ya no es el país en que nacimos, pero aquí, en esta casa... Ocurra lo que ocurra ahí fuera, nosotros, tú y yo, podemos ser felices aquí, juntos.

Largo silencio. Bulgákov no replica.

Lo importante es que estemos juntos. Donde sea, Mijaíl, donde tú quieras, con tal de que estemos juntos.

Lo toca con amor. Él besa las manos de ella.

Bulgákov– «Firmado: Mijaíl Bulgákov».

Pausa.

Bulgákova– ¿A quién la diriges?

Bulgákov– A Stalin.

Pausa.

2

Bulgákov lee una carta a su mujer. Con poca pericia, ella le remienda una camisa.

Bulgákov– «Estimado camarada: Durante los últimos años he contabilizado trescientos un artículos sobre mí en la prensa soviética. Tres eran elogiosos; doscientos noventa y ocho, injuriosos. "Bulgákov es un perro que rebusca en la basura", así me caracteriza la revista *Izvestia*. El *Komsomolskaia* me llama "burgués que lanza escupitajos ponzoñosos, pero impotentes, sobre la clase trabajadora". Todas mis obras han recibido comentarios corrosivos del *Pravda*. Incluso en la *Enciclopedia Soviética* he sido insultado. Toda la prensa, y junto a ella todas las instituciones encargadas del control del teatro, se esfuerzan en demostrar que no puedo vivir en la Unión Soviética...». (*Interrumpe la lectura.*) ¿Puedes dejar eso? ¿Puedes tomarte esto en serio?

La mujer deja lo que está haciendo.

Bulgákova– Te estoy escuchando. Te he escuchado todo el tiempo.

Bulgákov– Necesito más. Lo que yo necesito... ¿Por qué Stalin no responde a mis cartas? ¿Puedes decírmelo? ¿Qué estoy haciendo mal?

Silencio.

Bulgákova– Tú eres el escritor. Conoces el efecto de las palabras sobre la gente. ¿Cómo reaccionará Stalin ante una frase como ésta? (*Lee.*) «Toda la prensa, y junto a ella todas las instituciones encargadas del control del teatro, se esfuerzan en demostrar que no puedo vivir en la Unión Soviética». ¿Cómo reaccionará Stalin ante esas palabras?

Bulgákov no lo sabe. Silencio.

Ojalá yo pudiera ayudarte. No conozco a Stalin. Lo más cerca que he estado de él ha sido en el estreno de *Los días de los Turbin*. Me dio la mano. Lo único que recuerdo de él son sus manos. El modo en que movía las manos.

Intenta imitar el modo en que Stalin movía las manos. Pausa.

Si eso te ayuda, puedo... imaginar que soy Stalin y reaccionar como él reaccionaría ante tu carta. Puedo ponerme en su lugar.

Bulgákov– ¿Ponerte tú en su lugar? ¿Tú en el lugar del hombre que ha prohibido mis obras?

Bulgákova– Si eso te ayuda...

Bulgákov– Casi ha vuelto loco a nuestro amigo Zamiatin. Ha logrado que Maiakowski se suicide.

Bulgákova– Quiero ayudarte.

Bulgákov– ¿Ponerte en la piel de ese hombre al que odio? Al que odias.

Bulgákova– Con todas mis fuerzas, así lo odio. Pero incluso los hombres más odiosos creen tener razones para hacer lo que hacen. Y tú, Mijaíl, necesitas encontrar esas razones. Necesitas encontrar sus razones para volverlas contra él.

Bulgákov vacila.

Bulgákov– No funcionará. Sólo sabes cómo mueve las manos. ¿Qué sabes sobre su alma?

Bulgákova– Usa tu imaginación. Imagina que soy Stalin.

Bulgákov– Eres la mujer que amo. ¿Cómo voy a imaginar...?

Pero ella ya está buscando en su cuerpo el de Stalin. Sin convicción, Bulgákov acepta.

Está bien, juguemos un rato. Supongamos que eres Stalin.

Bulgákov escribe. Ella intenta representar ante él las reacciones de Stalin.

Tengo ante mí una carta del Comité Central del Teatro. En ella se deniega el permiso de representación a mi obra *La Isla Púrpura*. Bajo un par de renglones queda sepultado mi trabajo de años. No puedo escribir una palabra más sin preguntarme: cuanto vaya a escribir en el futuro, ¿está condenado de antemano?

Escéptico, Bulgákov espera la reacción de su mujer. Ella vacila; busca postura, tono.

Bulgákova– Camarada Bulgákov...

Bulgákov niega, parodia la postura, el tono de su mujer: «Camarada Bulgákov...». *La dirige hacia otra postura, otro tono:* «Camarada Bulgákov...». *Ella vuelve a intentarlo.*

Camarada Bulgákov... ¿Es usted consciente de...?

(*Se arrepiente; busca otra postura, otro tono.*) Con *La Isla Púrpura* ha ido demasiado lejos. Ni siquiera su amigo Zamiatin se ha atrevido a tanto.

Bulgákov– Stalin jamás diría eso. «Ni siquiera su amigo Zamiatin se ha atrevido a tanto». Stalin jamás me compararía con el pobre Zam...

Bulgákova– (*Interrumpiéndole.*) El Comité Central del Teatro ha calificado *La Isla Púrpura* como un libelo contra la Revolución.

Pausa. Bulgákov escribe.

Bulgákov– No he escrito *La Isla Púrpura* contra la Revolución, sino precisamente contra el Comité Central del Teatro... El Comité no es la Revolución, sino el asesino del espíritu creador. Su objetivo es... su objetivo es formar artistas atemorizados y serviles... Por eso dispara contra mí. Porque para Mijaíl Bulgákov la lucha contra la censura constituye el mayor deber de un artista. Un artista al que la libertad no es necesaria viene a ser como un pez al que el agua no es imprescindible.

Bulgákova– ¿Pretende impresionarme con metáforas tan anticuadas? ¿Cree que va a conmoverme con la apolillada retórica del viejo Gógol? Bulgákov, yo soy un hombre práctico. Vayamos al grano. Son sus propios colegas, escritores patriotas, quienes han denunciado su obra como un crimen contra la patria. Ellos han descubierto que sus sátiras ridiculizan a la Revolución.

Bulgákov– En la Unión Soviética, la sátira es perseguida como un delito... (*Se arrepiente; tacha.*)... como un crimen... (*Se arrepiente; tacha.*)... como un acto terrorista. Pero yo nunca renunciaré a la sátira. Hacer sátira es penetrar en zonas prohibidas. No hay zonas prohibidas para un verdadero artista.

Bulgákova– No se haga el inocente. Usted ha publicado en el extranjero obras que hacen burla de nuestro pueblo.

Bulgákov– En Praga, unos exiliados editaron *La guardia blanca* cambiando el final... Han publicado en mi nombre palabras que yo nunca escribiría.

Bulgákova– También negará que en su obra *La huida* defiende a los enemigos de la Revolución.

Bulgákov– Soy un escritor, no un político.

Bulgákova– ¿Es usted apolítico? ¿De verdad cree que se puede ser neutral? Míreme cuando le hablo, Bulgákov. En un mundo dominado por la injusticia, la pretensión de ser imparcial ¿no es sencillamente cinismo? Míreme a los ojos, señor apolítico: ¿en serio cree que no tiene ninguna responsabilidad para con el pueblo?

Bulgákov– Quiero ser útil a mi pueblo. Pero ¿cómo serlo si todos los teatros ejecutan, al unísono, una orden de Stalin: «No quede rastro de Bulgákov sobre la escena soviética»?

Bulgákova– ¿Cómo puede decir eso? Soy su más fiel espectador. ¿Sabe que he visto quince veces *Los días de los Turbin*, ocho veces *El apartamento de Zoika*? Los aplausos que salían de mis manos resonaban por todo Moscú.

Bulgákov– Usted ha borrado mi nombre del teatro soviético. Me ha aniquilado.

Bulgákova– Puedo recitar escenas enteras de sus obras. «¡Dimitri, los obreros están ensuciando con sus botazas el mármol de la escalera! ¡¿Quién ha quitado la alfombra?! ¡¡¿Es que Marx prohibe cubrir con alfombras las escaleras...?!!».

Bulgákov– (*Explotando.*) Y ahora, como si mi destrucción fuera un objetivo largamente buscado, se regodea en mi aniquilamiento... (*Deja de escribir y se encara con ella, que sigue recitando.*) ¡Presencia mi aniquilamiento con enorme felicidad! ¡Lo ha conseguido, camarada! ¡Que en este país no haya un rincón para una persona como yo!

Descubriendo que Bulgákov está fuera de sí, la mujer abandona su fingimiento. Pausa.

Bulgákova– Demos un paseo. (*Lo toca con amor.*) Todavía estará la orquesta en el bulevar. ¿Cuánto hace que no bailamos? (*Lo invita a bailar. Pero él no la sigue.*) Te conviene salir, Mijaíl. Ver gente.

Bulgákov– No tengo ganas de ver a nadie, ni ganas de que nadie me vea. Gracias a la prensa de Stalin, todo Moscú me señala con el dedo. ¿Por qué me avergüenza así? ¿Por qué me humilla de este modo?

Bulgákova– Olvidémonos de Stalin. No necesitamos su permiso para ser felices.

Lo toca; quiere sacarlo a la calle. Pero Bulgákov vuelve a su carta.

Bulgákov– Usted ha conseguido que en la Unión Soviética no haya ni un rincón para una persona como yo.

Aguarda la reacción de su mujer. Pero ella se resiste a ser otra vez Stalin.

Usted ha conseguido que en la Unión Soviética no haya ni un rincón para una persona como yo. Ha hecho de mí un fuera de la ley. Un criminal.

Bulgákova– Disfruta chupándose las heridas, Bulgákov. ¿No es capaz de un solo pensamiento positivo?

Bulgákov– Para mí, no poder escribir es lo mismo que ser enterrado vivo.

Bulgákova– No exagere, Bulgákov. Seguro que podría hacer otro tipo de trabajo.

Bulgákov– Hasta hace un año, por la mañana enseñaba teatro en un colegio; por la tarde sustituía a los actores enfermos del Teatro de Stanislavski; por la noche, a los del Teatro de la Juventud Obrera. Cuando volvía a casa, intentaba escribir, hasta que reventaba de cansancio... Hoy ni siquiera se me considera digno de aquellos trabajos. Mi nombre se ha hecho tan odioso que mis solicitudes de empleo son acogidas con espanto. Editores, directores, todos se apartan de mí como de un apestado. Si no fuera por mi esposa, me moriría de hambre. Camarada Stalin, apelo a su humanitarismo. Si no puedo ser de ninguna utilidad a mi país, le pido que me autorice a abandonar la Unión Soviética en compañía de mi esposa... (*Pausa. Ella no replica.*) Pero si usted considera que debo vivir en la Unión Soviética... (*Pausa. Ella no replica.*) le pido libertad para publicar y representar mis obras... (*Pausa. Ella no replica.*) Si esto no fuera posible, le pido que me permita ser útil a mi país en calidad de director de escena. Me ofrezco con sinceridad, sin pretensión de sabotaje, para dirigir cualquier obra, desde griegas hasta contemporáneas... (*Pausa. Ella no replica.*) Si esto tampoco fuera posible, pido que se me nombre ayudante de dirección... Si no fuera posible, pido un puesto de figurante... Si tampoco es posible ser nombrado figurante, pido un puesto de tramoyista.

Silencio. La mujer medita.

Bulgákova– No expresa su deseo con claridad. Si no sé lo que desea, ¿cómo voy a satisfacer su deseo? ¿Qué quiere de mí? ¿Que lo deje marchar o que le permita escribir lo que le venga en gana? ¿Está decidido a irse al extranjero... o prefiere permanecer, sea cual sea su situación, en la Unión Soviética? ¿De verdad aceptaría un trabajo subalterno en el teatro? Si yo le ofreciese un puesto de acomodador en el Teatro de Stanislavski, ¿renunciaría a emigrar?

Bulgákov– Si ni siquiera de acomodador puedo trabajar...

Bulgákova– ¿Tiene usted las ideas claras, Bulgákov? Me preocupa su salud mental. Ustedes, los poetas, son gente tan vulnerable... No se me va de la cabeza el triste final del pobre Maiakowski. En cuanto a su buen amigo Zamiatin, usted mejor que yo sabe en qué situación se encuentra. Si no quiere acabar como ellos, debería replantearse el modo en que está conduciendo su vida.

Bulgákov– Si ni siquiera se cuenta conmigo para limpiar los lavabos del más humilde teatro del país... Entonces pido al gobierno soviético que proceda conmigo como crea más conveniente. Pero que proceda de alguna manera.

Bulgákova– Se expresa como si no tuviera nada que perder. ¿No tiene nada que perder?

Bulgákov– Pero que proceda de alguna manera. Porque yo, un dramaturgo famoso en toda Europa, en mi propio país me encuentro abocado a la miseria y a la muert...

Le interrumpe el sonido del teléfono. Molesto, Bulgákov descuelga.

¿Sí? (*Silencio. Mira a su mujer.*) Yo soy. (*Silencio.*) Buenas tardes, camarada. (*Silencio.*) Últimamente me he hecho mil veces la misma pregunta: ¿Puede un escritor ruso vivir fuera de su patria? (*Silencio.*) Claro que me gustaría, pero no he recibido más que negativas. (*Silencio.*) ¡Oh, sí, Iósif Vissariónovich, tenemos que conversar! (*Silencio. Está escuchando a su interlocutor cuando, bruscamente, la línea telefónica se corta. Silencio. Bulgákov cuelga.*) Se ha cortado.

Pausa. Bulgákov espera que el teléfono vuelva a sonar.

3

Bulgákov espera que el teléfono vuelva a sonar.

Bulgákov– No comprendo. Estaba a punto de darme fecha y hora. «¿Mijaíl Afanásievich Bulgákov? Le habla el camarada Stalin». Imagínate mi sorpresa. «Buenas tardes, camarada Bulgákov. Hemos recibido sus cartas. Las hemos leído con los camaradas. Quiere marcharse al extranjero, ¿no es eso? Está harto de nosotros». Yo le respondí: «Últimamente me he hecho mil veces la misma pregunta: ¿Puede un escritor ruso vivir fuera de su patria?». A lo que él dijo: «También yo me hago muchas veces esa pregunta. Pero hablemos de usted. ¿Dónde le gustaría trabajar? ¿En el Teatro de Stanislavski?». Inmediatamente contesté: «Claro que me gustaría, pero no he recibido más que negativas». Ahí fue cuando él dijo: «Presente una solicitud. Tengo la impresión de que esta vez la aceptarán». Y añadió: «Tendríamos que reunirnos para charlar». «¡Oh, sí, Iósif Vissariónovich, tenemos que conversar!», dije yo sin dudarlo. A lo que él dijo: «Vamos a encontrar un momento apropiado para eso». Y estaba consultando su calendario, buscando día para convocarme a su despacho, cuando se cortó.

Pausa.

Bulgákova– ¿Estás seguro de que volverá a llamar?

Bulgákov– ¿No te he dicho que estaba a punto de fijar un día y una hora? Acababa de decir: «Tendríamos que reunirnos para charlar».

Pausa.

Bulgákova– ¿Por qué no lo llamas tú?

Bulgákov– ¿A Stalin? ¿Te has vuelto loca?

Pausa. Bulgákov toma papel y pluma.

Le escribiré recordándole mi disposición para acudir a esa cita. (*Silencio.*) ¿Preparada?

No sin dudarlo, ella acepta ser Stalin. Bulgákov escribe.

Estimado camarada...

4

Junto al teléfono, Bulgákov intenta escribir. Pero no puede hacerlo solo. Al rato entra su mujer, que viene de la calle. Bulgákov está contrariado por su retraso.

Bulgákova– (*Quitándose la ropa de la calle.*) Una cola espantosa. Todos los diciembres es igual, la gente se vuelve loca por enviar regalos a sus familias. Pero ya está, certificada, como querías. Enseguida estará en manos de Stalin.

Bulgákov– He pensado que, en lo sucesivo, deberías llevar personalmente las cartas al Kremlin. No podemos seguir confiando en el correo. (*Se dispone a escribir.*) ¿Preparada?

Bulgákova– ¿A quién dirás que me he encontrado en la calle?

A Bulgákov no le importa. Está impaciente por escribir.

A nuestro amigo Zamiatin. Me acompañó de vuelta hasta el bulevar.

Bulgákov– ¿Zamiatin paseándose por Moscú? ¿Después de todo lo que se ha dicho sobre él? Se arriesga a que la gente lo apedree. (*Escribiendo.*) Estimado Iósif Vissariónovich: En los últimos años...

Bulgákova– (*Interrumpiéndole.*) Zamiatin ha recibido respuesta positiva.

Conmoción de Bulgákov.

Zamiatin escribió a Stalin y, al cabo de una semana, recibió una carta del Comité de Asuntos Extranjeros. Puede salir de la Unión Soviética tan pronto como lo desee.

Pausa.

¿No vas a ir a felicitarlo?

Silencio.

Ya, ya sé: tienes que quedarte junto al teléfono. Ni para mandar tus cartas te asomas ya a la calle, ¿cómo vas a visitar a tu amigo? Tampoco puedes telefonearle. Nadie debe tocar este teléfono. Stalin puede llamar en cualquier momento.

Bulgákov– «Tendríamos que reunirnos para charlar», dijo. Me contó que había leído mis cartas con los camaradas. Sin duda se refería a Molotov y a los demás del gobierno. «Quiere marcharse al extranjero, ¿no es eso?».

Bulgákova– Todo Moscú cuenta esa historia. Se la has contado a todo el mundo que ha pasado por aquí. Que Stalin te llamó y lo que hablasteis.

Bulgákov– ¿Te parece mal? ¿Está mal que la gente deje de verme como un apestado? Antes yo era para todos un literato caído en desgracia, ahora muchos escritores me envidian. ¿A cuántos de ellos ha telefoneado Stalin? ¿A cuántos ha dicho: «Tendríamos que reunirnos para charlar»?

Bulgákova– ¿Estás seguro de que era él? ¿No sería un bromista?

Bulgákov– ¿Qué estás diciendo? Era él. Llevó la conversación como sólo puede hacerlo un hombre de Estado. Era él.

Bulgákova– ¿Y si no te volviese a llamar?

Pausa.

Bulgákov– (*Disponiéndose a reanudar su carta.*) Le recordaré que tenemos una cita pendiente. ¿Vas a ayudarme? ¿A buscar las palabras justas?

Bulgákova– Zamiatin consiguió encontrarlas. ¿Por qué no las copias? Las palabras que Zamiatin escribió a Stalin.

Bulgákov– ¿Lo tomas por tonto? Stalin sabe muy bien quién es Zamiatin y quién es Bulgákov. Yo jamás escribiría con ese estilo ampuloso y dulzón de Zamiatin.

Bulgákova– Es sólo una carta.

Bulgákov– ¿Sólo una carta? Jamás he escrito nada tan importante. Mis comedias, mis novelas... ¿Qué valor tienen frente a una carta así? Todo lo que he escrito es un juego de niños si lo comparo con una carta a Stalin. (*Silencio.*) ¿No vas a ayudarme?

Pausa. La mujer acepta, una vez más, ser Stalin.

Bulgákova– Pero no llevaré tu carta al Kremlin ni a ningún otro lugar. Tendrás que llevarla tú mismo. ¿Te atreverás? ¿Te atreverás siquiera a acercarte al buzón de la esquina? ¿Recuerdas qué hay al otro lado de esa ventana?

Obliga a Bulgákov a mirar hacia la calle.

Moscú, la ciudad que tanto amabas. Está preciosa esta tarde. ¿No quieres que demos un paseo por el bulevar, antes de que anochezca?

Lo toca. Bulgákov parece tentado. Pero algo que ve por la ventana llama su atención. Su mujer le interroga: «¿Qué te pasa?».

Bulgákov– Me había parecido... Al otro lado de la calle, entre los árboles. Me había parecido ver a Stalin.

5

Junto al teléfono, cartas dispuestas para el envío. Bulgákov, pluma en mano. Su mujer representa a Stalin. Ella pega un puñetazo en la mesa ante Bulgákov.

Bulgákova– ¡Basta ya, Bulgákov, ni una palabra más! Estoy harto de leer siempre la misma carta. Distintas palabras, pero siempre el mismo gesto aristocrático, antisocial. Ni una señal de arrepentimiento. No vuelva a escribirme si no es para prometer que nunca más malgastará su talento poniéndolo al servicio de espectadores degenerados. Su obra transpira desprecio hacia el orden soviético, niega todos los logros de la Revolución. Sólo trata temas que no conviene tratar y enmascara sus ataques bajo burdas metáforas... (*Stalin entra en escena; observa cómo la mujer lo imita.*) En *Los huevos fatales*, por ejemplo. Presenta el territorio soviético invadido por reptiles de doce metros. Nada puede detener a los reptiles, ni siquiera el Ejército Rojo puede detenerlos. ¿Se trata de una alegoría? ¿Qué representan los reptiles? Ni una carta más, Bulgákov. Decida de una vez: ¿de qué lado de las barricadas está? Ni una carta más si no es para expresar, con toda claridad, que está con nosotros o contra nosotros...

Se interrumpe al oír que alguien llama a la puerta. Abandona su fingimiento y sale a abrir. Bulgákov observa a Stalin, que se mueve por el lugar, explorándolo. La mujer vuelve.

Zamiatin. Ha venido a despedirse.

Bulgákov calla.

Ya le he dicho que últimamente no recibes a nadie. Pero él insiste en darte un abrazo antes de partir hacia Berlín. ¿Le hago pasar?

Bulgákov calla.

Quiere hablarte de la carta que él escribió a Stalin. Explicarte qué razones manejó para que Stalin lo dejase salir.

Bulgákov– Puedo imaginar qué razones habrá manejado, y cómo las habrá manejado, conozco a Zamiatin. Pertenece a esa clase de escritores que igual componen un poema que rellenan una instancia. (*Silencio.*) Pero me alegra que su suerte haya cambiado, díselo. Seguro que saldrá adelante en el extranjero, él siempre acaba saliendo adelante. Dile que tengo mucho trabajo.

Pausa.

Bulgákova– Así pues, ¿lo despido?

Bulgákov asiente. Ella sale. Bulgákov y Stalin se observan. La mujer vuelve, con la emoción que le ha provocado la despedida de Zamiatin.

Ya está: se ha ido. Espera encontrarse contigo algún día en algún lugar del mundo. Te ha dejado esto.

Pone un papel ante Bulgákov.

La carta que él escribió a Stalin.

Bulgákov ignora el papel. Su mujer se lo lee en voz alta.

«Estimado Iósif Vissariónovich: Me dirijo a usted como condenado a muerte. Porque para un escritor, la censura equivale a la pena de muerte. Hace meses que el Comité Central del Teatro me hizo leer mi última obra ante delegados de dieciocho fábricas. El representante de la fábrica de textiles dijo: "Trata el tema de la lucha de clases en la antigüedad". El representante de la fábrica de hidromecánica sentenció: "Es una síntesis dialéctica de Shakespeare y Marx". Todos recomendaron la representación de mi obra. ¿Por qué no se ha permitido verla a ese público obrero que le dio su aprobación?».

Viendo el interés de Stalin por la carta de Zamiatin, Bulgákov empieza a leerle la que él estaba escribiendo: «Muy estimado Iósif Vissariónovich: Como le decía ayer, en todas mis obras la crítica ha encontrado una intención diabólica. Mi firma basta para marcar cualquiera de mis obras como demoníaca. Puesto que escupir al diablo se considera una buena acción, nadie se priva de hacerlo...». Las voces de Bulgákov y de su mujer se confunden, impidiendo entender la totalidad de ambas cartas. Bulgákov calla cuando comprende que Stalin está más interesado en la de Zamiatin.

«Contra un condenado a muerte, todo está permitido. La crítica soviética presenta mi novela *Nosotros*, publicada hace nueve años, como si la hubiera escrito hoy. Ello ha servido de pretexto para prohibir en pleno éxito la representación de mi obra *La pulga*. También está prohibida la exhibición de mis libros en las bibliotecas. Incluso se me prohíbe traducir. Cualquier editor interesado en mi trabajo se expone al fuego. Sólo la editorial *Tierra y Fábrica* se arriesgó a encargarme la corrección estilística de escritores jóvenes, y está pagando por ello. Doy miedo a las editoriales, a los teatros, hasta a mis amigos doy miedo. Se han cerrado todas las puertas que me permitían llegar al público. Lo que supone tanto como mi sentencia de muerte».

Buscando la atención de Stalin, Bulgákov abre una de las cartas ensobradas y lee: «Estimado Iósif Vissariónovich: He pasado la mañana considerando la posibilidad de redactar una guía de viajes de Europa Occidental. A fin de explicarle personalmente las razones de este proyecto…». Pero a Stalin le interesa más la carta de Zamiatin, así que Bulgákov deja de leer.

«El código penal soviético prevé un castigo peor que la muerte: el exilio. Si soy un criminal, pido ser expulsado de la Unión Soviética. Si no soy un criminal, pido permiso para viajar al extranjero. Regresaré cuando en nuestro país sea posible hacer arte sin mentir. Ese momento no tardará en llegar, porque, después de creada una base material, se planteará la necesidad de una superestructura, un arte digno de la Revolución. Hasta entonces, el servilismo herirá tanto al arte como a la Revolución».

Luchando por la atención de Stalin, Bulgákov ha abierto otra de las cartas ensobradas: «Muy estimado Iósif Vissariónovich: Me dirijo a usted para pedirle que suavice mi destino. Muchos de mis colegas han sido condenados al exilio. A mí se me permite vivir en Moscú. Sin embargo, también yo padezco una forma de exilio. No puedo respirar en una atmósfera de acoso sistemático...». Bulgákov deja de leer, pues Stalin sólo tiene oídos para la carta de Zamiatin.

«Sé que en el extranjero la vida me resultará difícil. Por mi mala costumbre de escribir no lo que me conviene, sino lo que creo que es verdad, en mi patria se me considera un reaccionario; en el extranjero, por esa misma causa, me llamarán comunista. Pero allí no me condenarán a guardar silencio. Podría basar mi solicitud en otros motivos: una enfermedad cuyo tratamiento sólo es posible en Alemania; la puesta en escena en Italia de una de mis obras... La verdadera razón de mi súplica es la sentencia de muerte que la Unión Soviética ha pronunciado contra mí como escritor. Para recobrar la libertad como artista, no dudaré en renunciar a aquello que, después de esa libertad, más amo: mi país. Firmado: Eugueni Zamiatin».

Largo silencio. Meditabundo, Stalin sale de escena. Pausa. Bulgákov se vuelve hacia su mujer.

Bulgákov– ¿Has estado usando el teléfono en mi ausencia?

Bulgákova– Tú siempre estás aquí, junto al teléfono.

Bulgákov– Aquella vez que dijiste estar enferma y tuve que ir yo al buzón. ¿Usaste el teléfono en aquel momento?

Bulgákova– Sé que no puedo usar el teléfono.

Bulgákov– No entiendo por qué no me llama. Tenía muchas ganas de hablar conmigo. Desde el principio, su tono fue cordial, como el de quien se propone iniciar una larga y profunda relación: «Hemos recibido sus cartas. Las hemos leído con los camaradas. Quiere marcharse usted al extranjero, ¿no es eso? Está harto de nosotros». Cuando yo le dije que una y otra vez volvía a mi cabeza la pregunta de si un escritor ruso puede vivir fuera de su patria, contestó que también él se preguntaba eso a menudo. En aquel momento me ofreció un puesto en el Teatro de Stanislavski. «Presente una solicitud. Tengo la impresión de que esta vez la aceptarán». Lo que, viniendo de Stalin, equivale a una promesa. Y añadió: «Tendríamos que reunirnos para charlar». Estaba preguntándose cuál sería el momento más apropiado para nuestro encuentro cuando el maldito teléfono...

Bulgákova– Lo sé.

Bulgákov– Tenía muchas ganas de encontrarse conmigo.

Bulgákova– Ya sé.

Bulgákov– Tendrías que haber oído en qué tono se presentó: «Le habla el camarada Stalin». En el mismo tono afectuoso, dijo: «Hemos recibido sus cartas. Las hemos leído con los camaradas. Quiere marcharse usted al extranjero, ¿no es eso? Está harto de nosotros». Ahora no estoy seguro de si dijo «marcharse al extranjero» o «ir al extranjero». ¿O dijo «salir al extranjero»? Debería recordar los términos con precisión. Cambiando una palabra, se cambia el sentido. Algo me llevó a responderle: «Últimamente me he hecho mil veces esa pregunta: ¿Puede un escritor ruso vivir fuera de su patria?». A lo que él, con cierto asombro, respondió: «A menudo yo me hago la misma pregunta. Bulgákov, ¿sabe que soy un fiel espectador suyo? ¿Sabe que puedo recitar escenas enteras de sus obras? Tengo la impresión de que usted y yo podríamos llegar a entendernos. Tendríamos que reunirnos para charlar». En ese momento se cortó.

Pausa. Bulgákov toma papel y pluma.

Bulgákova– ¿Otra carta, Mijaíl? ¿Crees que una carta más nos sacará del infierno?

No hay respuesta. Bulgákov escribe.

Mañana iré al Teatro de Stanislavski. Deben de estar a punto de salir en su gira anual por Europa. Les pediré que hagan algo por ti: les pediré que escriban nuestros nombres en la lista de actores que viajarán al extranjero. Son tus amigos. No puede serles indiferente tu suerte.

No hay réplica. Bulgákov escribe.

¿No vas a leérmela?

No hay respuesta. Bulgákov escribe.

Léemela. Te ayudaré. Haré como que soy Stalin.

No hay respuesta. Ella lo toca, pero Bulgákov ya no siente sus manos.

6

Las cartas ensobradas se acumulan. Bulgákov, solo, escribe.

Bulgákov– Estimado Iósif Vissariónovich: Cuando a un hombre se le acosa como a una fiera, acaba actuando como una fiera.

Silencio. Bulgákov se comporta como si viese y oyese a alguien a quien sólo él oye y ve.

Se puede acosar a una fiera hasta que su corazón estalle. Pero justo entonces la fiera será más peligrosa que nunca.

Silencio. Bulgákov se comporta como si viese y oyese a alguien a quien sólo él oye y ve.

Cada día, y cada día con más frecuencia, padezco estados de angustia cardiaca.

Stalin en escena. Se comporta ante Bulgákov como lo hacía la mujer cuando ella representaba a Stalin. Bulgákov escribe.

Stalin– ¿Está usted enfermo? ¿Me permitirá que le envíe a mi médico personal? Un buen hombre, georgiano.

Bulgákov– La causa de mi enfermedad es el silencio a que se me ha reducido durante años.

Stalin– Ah, se refería a esa clase de enfermedad.

Bulgákov– Después de tanto callar, se agitan en mi cabeza nuevos proyectos creativos. Pero me falta energía para llevarlos a cabo. Estoy agotado.

Stalin– Se merece un descanso, camarada. No abuse de sus fuerzas.

Bulgákov– Usted sabe que en la Unión Soviética no se me deja descansar. Le ruego que me conceda una licencia para salir al extranjero.

Stalin calla.

Todo lo que necesito es descansar fuera de la Unión Soviética durante unos meses.

Stalin calla.

Incluso me sería suficiente una semana fuera de la Unión Soviética.

Stalin calla. Bulgákov aguanta su silencio.

Stalin– Durante años, muchas personas, del partido y de fuera del partido, se han acercado a usted con la mejor voluntad. Para advertirle que cada frase que salía de su pluma le creaba problemas en la Unión Soviética tanto como le cerraba la puerta del extranjero. Usted ha desoído esas recomendaciones.

Bulgákov– Amigos y enemigos me aconsejan que me tiña la piel. Pero un lobo, por mucho que se tiña, nunca se parece a un cordero. Por eso se me acosa como se acosa a los lobos. Como fiera que soy, nunca callaré. Un artista que calla no es un verdadero artista.

Stalin– Usted mismo se condena, camarada Bulgákov. Usted mismo se cierra el horizonte.

Bulgákov– ¿Estoy preso en la Unión Soviética? ¿Cómo voy a escribir canciones a un país que es para mí una cárcel?

Stalin– El crítico del *Pravda* ha escrito: «Bulgákov no es necesario para este país». Yo me pregunto: y Bulgákov, ¿no necesita él de este país? ¿No es para Bulgákov este país tan necesario como el aire? Camarada, en el extranjero usted se moriría de pena.

Bulgákov– Si se me permitiese salir, aunque fuese un solo día, volvería a mi patria cantando.

Stalin– Los que nos interesamos por su trabajo, creemos impensable que pueda usted vivir en otro lugar. Su escritura se nutre de esta tierra.

Bulgákov– Veré qué hay al otro lado de la frontera y regresaré.

Stalin niega.

Necesito salir de la Unión Soviética, aunque sólo sea por una hora.

Stalin niega.

A cambio, prometo convertirle a usted en mi primer lector. Igual que el zar Nicolás era el primer lector de Pushkin. Una hora, es todo lo que le pido.

Stalin– ¿Ha pensado que la puerta podría cerrarse bruscamente a sus espaldas? No poder regresar, ¿no sería para usted una desgracia mucho peor que la prohibición de sus obras?

Bulgákov– Sólo unos minutos. ¡Un minuto! ¡Pisar un suelo donde me sienta libre!

Bulgákov no se ha percatado de la entrada de la mujer, que viene de la calle.

Bulgákova–¿Con quién hablas?

Bulgákov– Con nadie.

Pausa larga.

Bulgákova–¿No me preguntas de dónde vengo?

Silencio.

Vengo del Teatro de Stanislavski.

Silencio.

Están preparando su gira anual. En la pizarra hay escritos treinta nombres: la lista de los actores que viajarán al extranjero. Les pedí que añadiesen nuestros nombres.

Stalin– (*A Bulgákov.*) ¿Piensas que consiguió convencerlos?

Bulgákov– ¿Los convenciste?

Bulgákova–Son viejos amigos tuyos. Has escrito cientos de frases para ellos.

Stalin– (*A Bulgákov.*) ¿No pidieron nada a cambio? ¿Nada de nada?

Bulgákov– ¿Pidieron algo a cambio?

Bulgákova–Todo lo que tenían que hacer era escribir dos nombres más en su pizarra. (*Pausa.*) Les tendí la tiza uno a uno. (*Pausa.*) Nikolai, tu protagonista en *Los días de los Turbin*, me contestó: «¿Por qué no van ustedes al Comité de Asuntos Extranjeros, como todo el mundo?». Ninguno quería coger la tiza. Konstantin fue el último al que se la tendí. Dijo: «¿Bulgákov?». Y escupió en el suelo.

Pausa.

Bulgákov– Has hecho mal en ir allí. Ése no es el camino correcto. No entiendes nada, ¿cómo tendré que explicártelo para que lo entiendas? ¿Tendré que contártelo un millón de veces? «Le habla el camarada Stalin. Hemos...».

Bulgákova– (*Interrumpiéndole.*) «Hemos recibido sus cartas. Las hemos leído con los camaradas. Quiere marcharse al extranjero, ¿no es eso? Está harto de nosotros». «Últimamente me he hecho mil veces la misma pregunta: ¿Puede un escritor ruso vivir fuera de su patria?».

Bulgákov– Él no esperaba que yo le saliese por ahí. A partir de ese momento, llevé la conversación por donde me dio la gana. Por salir del paso, dijo: «También yo...»

Bulgákova– (*Interrumpiéndole.*) «También yo me hago muchas veces esa pregunta. Pero hablemos de usted. ¿Dónde le gustaría trabajar? ¿En el Teatro de Stanislavski?».

Bulgákov– Como yo me esperaba algo por el estilo, contesté...

Bulgákova– (*Interrumpiéndole.*) «Claro que me gustaría, pero no he recibido más que negativas».

Bulgákov– Ahí fue cuando él tiró la toalla.

Bulgákova– «Presente una solicitud. Tengo la impresión de que esta vez la aceptarán. Tendríamos que reunirnos para charlar. Habrá que encontrar un momento apropiado para eso».

Pausa.

Mañana iré al Comité de Asuntos Extranjeros. Solicitaré un permiso para viajar en compañía de mi marido.

Bulgákov– Imagino las caras de los funcionarios en cuanto sepan quién es tu marido.

Bulgákova– Quizá no me pregunten quién es mi marido.

Bulgákov– No necesitan preguntártelo. Imagino sus risas en cuanto lean tu solicitud.

Bulgákova– No reirán. De mí no se reirán.

Bulgákov– Ése no es el camino correcto.

Bulgákov vuelve a la pluma y el papel.

Bulgákova– ¿Cuál es el camino correcto? ¿Escribir un millón de cartas a Stalin?

Bulgákov escribe. Stalin se sitúa entre él y ella.

¿Y si le escribiese yo?

Bulgákov– No te metas en esto.

Bulgákova– Conmigo no jugará como juega contigo.

Bulgákov– ¿De qué hablas?

Bulgákova– Está jugando contigo.

Bulgákov– ¿Está jugando conmigo? No sabes lo que dices. Quería recibirme personalmente. Quería preguntarme acerca de los problemas del pueblo ruso.

Bulgákova– Hablas de él como si fuera el buen zar de los cuentos.

Bulgákov– Quería conocer mis opiniones sobre el curso que está tomando la Revolución. Quería oírme hablar.

Bulgákova– ¿Quería oírte hablar? Prohíbe la representación de tus obras; no te deja publicar una línea. ¿Y dices que quería oírte hablar? Quería tu silencio. No te llamó para que hablases, sino para cerrarte la boca.

Bulgákov– ¿Me llamó para cerrarme la boca? Cómo se ve que no lo conoces. Es capaz de recitar escenas enteras de mis obras. Sé cuánto me aprecia.

Bulgákova–¿Te aprecia? ¿Sabes lo que su gente anda diciendo sobre ti en cada rincón de Moscú? Por toda la ciudad, todo el mundo me mira como si estuviese casada con el mismísimo demonio. Eso es obra de Stalin. Que todos escupan el suelo que piso, eso se lo debes a Stalin.

Bulgákov no quiere seguir oyéndola. Para no oírla, escribe. Ya no la oye, aunque ella todavía mueve la boca.

7

El montón de cartas ensobradas ha seguido creciendo. Bulgákov intenta escribir una más, pero parece bloqueado. Hasta que ve a Stalin, quien ya se mueve muy cómodo por el lugar.

Bulgákov– Ya pensaba que no iba a venir.

Stalin– Son días de mucho trabajo, Mijaíl.

Bulgákov– Ayer ni siquiera apareció por aquí. ¿Cuánto tiempo será esta vez? ¿Diez minutos? ¿Cinco minutos?

Stalin– Cada día tengo que hacer docenas de llamadas, que leer miles de cartas... No perdamos un segundo, veamos qué tenemos para hoy. (*Bulgákov le da la última carta; Stalin lee.*) «En los tiempos que corren, resulta difícil alcanzar la tranquilidad de espíritu necesaria para crear una obra armoniosa. La actualidad tiene en Rusia un carácter demasiado convulso, demasiado áspero. Siempre supe que me esperaba en la vida un gran sacrificio y que, para ser útil a mi patria, debería escribir lejos de ella. Siempre supe que sólo comprendería a Rusia fuera de Rusia, y que sólo obtendría su amor estando lejos».

Pausa.

¿No es un poco pedante?

Bulgákov– No es mío. Es una cita, ¿no ha visto las comillas? Son palabras de Gógol.

Stalin– ¡Nikolai Gógol! Eran otros tiempos. Por entonces, los escritores sabían interpretar lo que el pueblo necesitaba de ellos. Otros tiempos. Lenin prefería a Tolstoi, pero también a Gógol lo incluyó. Es el número cinco de la lista.

Bulgákov– ¿La lista?

Stalin– El camarada Lenin agonizaba cuando, con un gesto, me señaló entre los camaradas que rodeábamos su lecho. Con sus últimas fuerzas, me tendió un papel: (*Lo saca; lee.*) «Lista de escritores a los que se debe levantar monumento en la ciudad de Moscú». Acto seguido, expiró.

Pausa. Bulgákov no puede disimular su interés por la lista de Lenin. Stalin se la leerá morosamente, jugando con la curiosidad de Bulgákov, que intenta adivinar los nombres y los comenta con gestos.

1. Tolstoi. 2. Dostoievski. 3. Lérmontov. 4. Pushkin. 5. Gógol. 6. Belinski...

Bulgákov– ¿Belinski?

Stalin– ... 7. Radischev. 8. Dobroliúbov. 9. Písarev...

Bulgákov– Písarev. ¡Dobroliúbov! ¿Y Turguéniev? ¿Qué número hace Turguéniev?

Stalin deja la lista a Bulgákov para que éste acabe de leerla.

10. Mijaílovski. 11. Uspenski. 12. Nekrasov.

Pausa. Stalin lleva a Bulgákov ante la ventana.

Stalin– Moscú está preciosa esta tarde. No hay cielo como éste en ningún lugar del mundo. Sé cuánto amas esta ciudad, Mijaíl. ¿Te gustaría entrar en la lista de Lenin? Todavía hay sitio en Moscú para una estatua de Mijaíl Bulgákov.

Stalin toma la pluma de Bulgákov, dispuesto a añadir su nombre a la lista: «13...». Para romper la tentación, Bulgákov recupera su pluma y vuelve a escribir.

Bulgákov– Muy estimado Iósif Vissariónovich...

Stalin– ¿Qué tal una estatua de Mijaíl Bulgákov en el bulevar?

Bulgákov– Igual que a Gógol, también a mí mi amada patria...

Stalin– Tal y como estás ahora, pluma en mano. En bronce de Omsk.

Bulgákov– ... mi amada patria me aniquila como escritor y como hombre. Quizá tenga que renunciar a mi patria para sobrevivir como escritor y como hombre.

Stalin– Repite eso.

Bulgákov– «Igual que a Gógol, también a mí...»

Stalin– Más adelante. La última frase.

Bulgákov– «Quizá tenga que renunciar a mi patria para sobrevivir como escritor y como hombre».

Stalin– Ésa no es la palabra. Esa palabra: «quizá». Esa palabra no es tuya.

Bulgákov no sabe con qué palabra sustituirla.

Vuelve a leerlo.

Bulgákov– «Quizá tenga que renunc...»

Stalin– (*Interrumpiéndole, dictando.*) Renunciaré a mi patria para sobrevivir como escritor y como hombre.

Silencio. Bulgákov vacila. No sin miedo, escribe. No sin miedo, lee para sí lo que ha escrito.

Éste es el momento. Ahora has de atacar. Ahora has de presentar tu deseo. (*Dictando.*) Pido al gobierno de la Unión Soviética que me señale día y hora para...

Bulgákov– (*Escribiendo.*) ... cruzar la frontera... en compañía de mi esposa.

Stalin– ¿Por qué siempre has de mencionar a esa mujer?

Bulgákov– (*Escribiendo.*) Sufro agotamiento nervioso. Necesito que mi esposa me acompañe.

Stalin– ¿De verdad crees que te ayudará tenerla a tu lado? No parece el tipo de mujer que ayuda a vivir a un hombre. Mírala, precisamente ahí viene. En la cara se le ve que trae buenas noticias. ¿Será algo referente al Comité de Asuntos Extranjeros? ¿Habrá obtenido una respuesta a su solicitud? Ya sabes, lo de vuestro viaje.

Entra la mujer. Viene de la calle, muy cansada.

Bulgákova– Dijiste que no era el camino correcto. Que se reirían de mí, dijiste. Ni una sonrisa, ¿me oyes? Un funcionario recogió la solicitud, le puso un sello encima y dijo muy serio: «Vuelva usted el día catorce». Ni media sonrisa. Aunque es verdad que el día catorce, después de recorrer todas las ventanillas sin encontrar a aquel funcionario, por un momento pensé que estabas en lo cierto, que ni siquiera habían leído mi solicitud. Estaba a punto de volver a casa cuando se me acercó otro funcionario, que dijo: «Diríjase a la tercera ventanilla y rellene un impreso para usted y otro para su marido. Conviene que lo haga cuanto antes, pues no se dará respuesta a ninguna solicitud después del día veintiuno.»

Stalin– ¿Quién era ese funcionario?

Bulgákov– ¿Quién era ese funcionario?

Bulgákova– No lo sé.

Stalin– ¿No se informó?

Bulgákov– ¿No te informaste? (*A Stalin.*) No se informó. (*A ella.*) ¿Hablaste con él sin saber quién era?

Bulgákova– Estaba impaciente por conseguir nuestro permiso. Me dirigí a la tercera ventanilla. Allí no encontré a nadie. Pensé que me habían gastado una broma y que más valía volverse a casa, pero el funcionario de la quinta ventanilla hizo una seña al de la cuarta para que me atendiese. Éste fue el más amable de todos. Ni media sonrisa. Desapareció por una puertecita y a los veinte minutos volvió con unos formularios para que los rellenase. Con mucha paciencia, me explicó las preguntas que me costaba entender. Una vez rellenados los formularios, los tomó y pegó en ellos dos fotografías.

Stalin– ¿Tenía vuestras fotografías? ¿También la tuya, Mijaíl?

Bulgákov– Así que tenía nuestras fotografías.

Bulgákova– Quise pagar, pero me detuvo diciendo: «Los pasaportes son gratuitos».

Stalin– Conque gratuitos.

Bulgákova– «Al recibir los pasaportes, tendrán que entregar sus carnés de identidad. Eso puede suceder en cualquier momento, en cuanto se suspenda la disposición especial que hay respecto a ustedes. Pero ya es tarde para que lleguen hoy. Vuelva el dieciocho por la mañana». Yo le dije: «Pero el dieciocho es festivo». Él respondió: «Entonces, el diecinueve».

Stalin y Bulgákov– Y tú volviste el diecinueve.

Stalin y Bulgákov escuchan con crecientes risas el relato de la mujer. Ella lucha por la atención de Bulgákov.

Bulgákova– Llegué antes de que abriesen. El funcionario de la quinta ventanilla me hizo una seña para que me acercase. Ni media sonrisa. «Sus pasaportes llegarán hoy. Puede darse un paseo, para entretenerse». Preferí quedarme en la sala de espera. Hasta que, a última hora, otro funcionario se asomó para informarme de que los pasaportes no estarían antes del día veintitrés.

Stalin– ¿No es hoy día veintitrés? Ya no sé ni en qué día vivo.

Bulgákova– Así que hoy, nada más levantarme, he ido al Comité. Los pasaportes no estaban. Admito que se me ha pasado por la cabeza: «Mijaíl tenía razón. Éste no es el camino correcto». Pero un funcionario se ha interesado por mi caso, ha hecho cuatro llamadas y me ha indicado que volviera el veinticinco o el veintisiete. Le he preguntado si había alguna disposición especial sobre nosotros. Él me ha respondido discretamente: «Comprenderá que no puedo decirle de quién proviene la disposición, pero tal disposición sobre usted y su marido existe. Sin embargo, no debe desanimarse. También existió una disposición similar sobre Zamiatin». Ni media sonrisa, Mijaíl. Así que he salido muy animada de allí. En las escaleras, he oído a un funcionario que decía a otro: «El asunto de los Bulgákov se está arreglando». El otro contestó: «Se arreglará como se arregló lo de Zamiatin». En el vestíbulo, unas limpiadoras me han felicitado. Hasta ellas ha llegado el rumor de que por fin vamos a realizar el viaje con que durante tanto tiempo hemos soñado.

Pausa.

Dijiste que se reirían de mí. Ni media sonrisa. Sólo tenemos que esperar unos días más.

Pausa.

¿O es que lo he entendido todo mal desde el principio?

Stalin– Claro que lo ha entendido todo mal. Desde el principio. Desde la primera ventanilla. Incluso desde antes. Bueno, Mijaíl, ¿dónde estábamos?

Bulgákov– «Pido al gobierno de la Unión Soviética que me señale día y hora para cruzar la frontera en compañía de mi esposa».

Stalin dicta; Bulgákov escribe.

Stalin– Punto y aparte. Si son necesarias explicaciones complementarias a esta carta, estoy dispuesto a dárselas a usted personalmente... De hecho, no quiero terminar sin decirle, Iósif Vissariónovich, que mi mayor deseo es ser recibido personalmente...

Bulgákova– (*Interrumpiéndole, forzando a Bulgákov a mirarla.*) Hay otros caminos. El mercado negro. Dicen que allí se pueden comprar papeles falsos. Pero es peligroso, dicen. ¿Me acompañarás?

Pausa. Bulgákov desvía su mirada hacia Stalin y escribe a su dictado.

Stalin– ...que mi mayor deseo es ser recibido personalmente por usted. La conversación telefónica que sostuvimos en abril de 1930 ha dejado profunda huella en mi memoria...

Bulgákova– ¿Me acompañarás? (*Buscando la mirada de Bulgákov, se sitúa entre él y Stalin.*) Me da miedo dejarte solo. Es como si esta casa estuviese endemoniada. Como si el demonio estuviese suelto por la casa.

Bulgákov deja de escribir. Mira a la mujer.

Bulgákov– Como si el demonio estuviese suelto por la casa.

Stalin– (*Dictando.*) Quedé hondamente impresionado...

Bulgákov no le sigue.

Bulgákov– (*Para sí.*) Como si el demonio estuviese suelto por la casa.

Stalin– Vamos, Mijaíl, no te distraigas. (*Dicta.*) Quedé hondamente impresionado...

Bulgákov– (*Para sí.*) Como si el demonio estuviese suelto...

Stalin– (*Interrumpiéndole, le dicta al oído.*) ... hondamente impresionado por las palabras que entonces me dirigió...

Bulgákova– Te sacaré de aquí, Mijaíl. Conseguiré esos pasaportes. Te sacaré de este infierno.

Stalin– Déjala intentarlo.

Bulgákov ve salir a la mujer.

Bulgákov– (*Para sí.*) Como si el demonio...

Stalin toma la mano de Bulgákov para obligarle a seguir escribiendo.

Stalin– Si quiere usted responderme por escrito, ya sabe que mi dirección es: Moscú, Bolshaya Piorgovskaya 35, apartamento 6. Pero si prefiere telefonearme, mi número sigue siendo el 520327. Me haría enormemente feliz reanudar nuestra conversación. Firmado: Mijaíl Bulg...

Bulgákov libera su mano y toma papel blanco.

Bulgákov– (*Para sí.*) Como si el demonio estuviese suelto por la casa.

Bulgákov escribe.

8

Stalin escribe.

Stalin– Estimado Iósif Vissariónovich: La respuesta que dio a Eugueni Zamiatin me permite abrigar… albergar la esperanza de que también mi caso… de que también yo... (*Deja de escribir, molesto por la falta de atención de Bulgákov.*) ¿Qué te pasa, Mijaíl?

Bulgákov descubre a Stalin.

Bulgákov– (*Distante.*) No lo había visto. No sabía que estaba usted aquí.

Stalin– ¿No te alegras de verme?

Bulgákov– Es sólo que he pasado una mala noche. ¿No podríamos tomarnos un día de descanso?

Stalin– ¿Un día de descanso, con todo lo que tenemos que hacer? (*Pone ante Bulgákov la pluma y el papel.*) ¿Por dónde íbamos? Léeme por dónde íbamos.

Bulgákov– «La respuesta que dio a Eugueni Zamiatin me permite albergar la esperanza de que...»

Stalin– Quita «esperanza». Pon «certeza». ¿Cómo queda?

Bulgákov– «... me permite albergar la certeza de que también yo seré escuchado».

Stalin– ... de que también yo seré escuchado. Le pido que, sin más rodeos, me haga saber qué espera de mí.

Le pido luz acerca de mi futuro... (*Deja de dictar.*) No, no, tacha eso... (*Dicta.*) Le pido una orden categórica. (*Deja de dictar.*) Eso es, ése es el tono... ¿Qué ocurre, Mijaíl?

Bulgákov– Preferiría dejarlo por hoy.

Silencio.

Stalin– Así que quieres que me vaya.

Bulgákov– Sí. Quiero que se vaya.

Silencio.

Stalin– Muy bien. Todos necesitamos estar solos de vez en cuando. (*Silencio.*) No me estarás ocultando algo.

Lo mira fijamente. Hasta que Bulgákov le muestra unos folios manuscritos.

¿Una novela? ¿La segunda parte de *La guardia blanca*?

Bulgákov niega. Stalin hojea los folios.

¡Una obra de teatro! ¡Cinco escenas en una sola noche! Porque lo has escrito esta noche, ¿verdad? Así que ahora escribes de noche, como el diablo. Se te ocurrió un argumento y escribiste cinco escenas sin parar, por eso no has pegado ojo. Ya sabía yo que me ocultabas algo. Y trata sobre el diablo, ¡qué interesante! (*Mira de reojo a Bulgákov.*) Vamos, Mijaíl, cuando a un escritor se le ocurre un argumento, tiene que dar saltos de alegría. ¿Cómo es que tú estás triste?

Bulgákov– Los teatros de la Unión Soviética no van a querer mi obra, Iósif Vissariónovich.

Stalin– ¿Cómo que no? ¿Dónde te gustaría que se representase tu obra?

Bulgákov– Por querer, en el Teatro de Konstantin Stanislavski.

Stalin– Pues ahora mismo voy a llamarle. Precisamente he pasado esta tarde por allí y me he indignado al no ver en cartel ninguna obra tuya.

Bulgákov– ¿Va a hacer que estrenen mi obra?

Stalin– Está hecho. Déjame que haga una llamada. (*Toma el teléfono. Marca.*) Tú tranquilo, Mijaíl. (*Al teléfono.*) Señorita, señorita, ¿me escucha? ¿Es ahí el Teatro de Stanislavski? (*Lanza una mirada a Bulgákov.*) Póngame con el camarada Konstantin Stanislavski. (*Cubre el aparato con la mano y pregunta a Bulgákov: «¿Qué horario prefieres? ¿Tarde? ¿Noche?» Descubre el aparato.*) ¿Stanislavski? Aquí el camarada Stalin. (*Guiña un ojo a Bulgákov.*) Mire, Konstantin, no me gusta meterme en las cosas del teatro, pero tengo en mis manos una obra que... ¿Konstantin?... ¿Está usted ahí? (*Como el teléfono funciona mal, Stalin se enfada, resopla.*) Me va a oír ese ministro de Telecomunicaciones, lituano tenía que ser... Mierda de teléfono... Señorita, ¿es ahí el Teatro de Stanislavski? Póngame con el director. Sí, con Stanislavski, ¿es que hablo en chino? ¿Quién está al aparato? ¿Es el Teatro de Stanislavski? Aquí el camarada Stalin. ¡No se ponga nerviosa, no cuelgue! ¿Me pone o no me pone con el director? (*Silencio.*) ¿Qué demonios pasa con este teléfono? (*Se ha cortado. Stalin cuelga, colérico.*) Lituano tenía que ser, ese imbécil. (*A Bulgákov.*) Y tú, ¿harás el favor de quitarte esa camisa? ¿No te he dicho mil veces lo que opino de ella?

Silencio. Stalin necesita un tiempo para calmarse.

Perdóname. Perdona que te haya hablado así. Sabes lo mucho que te respeto. Es sólo que... Estoy rodeado de incompetentes... Te prometo que mañana mismo me ocuparé de esa nueva obra tuya. Deja que le eche un vistazo. (*Abre el manuscrito.*) Tu letra ha cambiado mucho durante estos años. Se ha vuelto muy apretada. Hay palabras que no entiendo. Nos estamos haciendo viejos, Mijaíl.

Stalin lee en silencio. Bulgákov observa sus reacciones ante el manuscrito. Algunas son positivas; otras resultan más difíciles de interpretar. Bruscamente, Stalin se dispone a salir.

Bulgákov– ¿Se va usted?

Stalin– ¿No querías estar solo?

Bulgákov– (*Señalando el manuscrito.*) ¿No va a decirme qué le parece?

Stalin– Tengo que hacer.

Bulgákov– ¿No cree que el paso de la segunda a la tercera escena es brillante?

Stalin– Lo siento, Mijaíl, tengo mucho trabajo.

Bulgákov– Excusas.

Stalin– Tengo que cubrir el país con una gran red telefónica, desde Brest hasta Vladivostok. Eso lleva su tiempo.

Bulgákov– No puede irse todavía. Tenemos que hablar de mi viaje.

Stalin– ¿Viaje? ¿Qué viaje?

Bulgákov– Mi solicitud de salir al extranjero... Si es que una obra como ésta no puede ser escrita en la Unión Soviética.

Stalin– Ah, te refieres a eso...

Bulgákov– ¿Ha decidido usted algo al respecto?

Stalin– Pero si ya has estado en el extranjero, Mijaíl.

Bulgákov– Jamás.

Stalin– Según la *Enciclopedia Soviética*, estuviste en Finlandia en 1921.

Bulgákov– Esa información es errónea.

Stalin– ¿Errónea? Una información de la *Enciclopedia Soviética*, ¿errónea?

Bulgákov– Nunca he estado en Finlandia. Nunca he puesto un pie fuera de la Unión Soviética, nunca...

Stalin– (*Interrumpiéndole.*) ¿Dónde te gustaría ir? (*Saca un mapa del mundo. Lo extiende ante Bulgákov.*)

¿Roma? Demasiado calor. ¿Bruselas? (*Cara de desprecio.*) ¿Y Londres? En Londres te las arreglarías bien. Podrías aprender a escribir en inglés, como ese polaco, Joseph Conrad. ¿O sueñas con los cafés de París? ¿Con las olas del Mediterráneo? (*Silencio.*) No puedo imaginarte fuera de tu patria. (*Guarda el mapa.*)

Bulgákov– Si se me permitiese ser útil a mi patria... (*Le muestra el manuscrito.*) Si algún teatro de la Unión Soviética...

Stalin– (*Interrumpiéndole.*) Escucha, ya sé lo que vamos a hacer: me resumes por escrito tu petición, convenientemente razonada, la metes en un sobre y me la envías al despacho. Veré qué se puede hacer.

Bulgákov– Usted no responde a mis cartas. ¿Las rompe sin leerlas? ¿Las rompe después de leerlas? ¿Las conserva? ¿Dónde? ¿Todas juntas, separadas del resto de la correspondencia, o mezcladas con otras? La carta del 7 de mayo de 1931, ¿la leyó usted? ¿Ha leído alguna de mis cartas? ¿Subraya las frases que le parecen importantes? ¿Busca en el diccionario las palabras que desconoce? ¿O es que no llegan a sus manos?, ¿por eso no las contesta? Si hubiese escrito mal la dirección, me las habrían devuelto. Que yo recuerde, nunca he olvidado firmarlas. Debe de ser que pasan de funcionario a funcionario y se extravían por el camino. ¿Cuántos leen mis cartas? ¿Pasan de despacho a despacho entre los ministros del gobierno? ¿Y si son interceptadas? No puedo confiar en el correo. Mi mujer debería entregárselas en mano, pero ¿puedo fiarme de ella? No ve con buenos ojos nuestra relación. Debería llevarlas yo mismo al Kremlin. Y esperar su respuesta a las puertas del Kremlin tanto tiempo como fuese necesario. Pero no debo moverme de aquí. Usted puede telefonear en cualquier momento.

Pausa. Stalin lo lleva ante la pluma y el papel.

Stalin– No te desanimes. Encontrarás las palabras justas. Zamiatin lo consiguió.

Bulgákov– Zamiatin le convenció con una sola carta.

Stalin– Encontró las palabras adecuadas. También tú lo conseguirás.

Bulgákov– Durante años, Zamiatin compartió conmigo el papel de diablo. Pero, con unas pocas palabras, cambió su suerte. ¿Cuál ha sido mi error?

Stalin– Zamiatin me escribió una carta muy clara. Su deseo era claro. Sabía lo que quería. Curioso personaje, tan pequeño, tan asustado. (*Lo imita.*) «Este despacho es tan grande como mi pueblo».

Bulgákov– ¿Recibió a Zamiatin? ¿Conversó con él cara a cara?

Stalin– En cuanto leí su carta, entendí lo que quería y lo mandé llamar. «Se ve que amas mucho a Rusia, Zamiatin. ¿Dónde naciste?» (*Lo imita.*) «En el centro del mapa hay un círculo diminuto: Lebedian, en la provincia de Tambov». ¿Has estado alguna vez en Lebedian, Mijaíl?

Bulgákov– Leí algo sobre ese lugar en Tolstoi. ¿O fue en Turguéniev?... ¡Se entrevistó personalmente con él!

Stalin– Nació en Tambov, pero se moría de ganas de conocer San Petersburgo. ¿Sabías que, siendo un muchacho, un perro rabioso le mordió una pierna? Como le gustaba experimentar consigo mismo, decidió esperar a ver qué pasaba: (*Lo imita.*) «¿Me volveré loco?; ¿qué sentiré cuando empiece a volverme loco?».

Stalin ríe a carcajadas.

Bulgákov– ¿Por eso lo dejó salir de la Unión Soviética? ¿Porque le hizo reír?

Stalin– No comprendes nada, Mijaíl. Nada de nada. El caso es que Zamiatin se mete jabón en la boca y se presenta al maestro con la boca llena de espumarajos. Y convence al maestro de que lo mande a San Petersburgo, porque en Lebedian no tienen vacuna contra la rabia. Zamiatin quería ir a San Petersburgo y lo consiguió. ¿Conocías esa historia?

Bulgákov– Me la ha contado mil veces. Zamiatin siempre cuenta las mismas patrañas. También le contaría que, al llegar a San Petersburgo, sólo tiene una medalla que le han dado en Lebedian por sus buenas notas. Y que, al estallar la Revolución, lleva su medalla a una casa de empeños, y lo que le dan se lo envía a Lenin para ayudar a los bolcheviques.

Stalin– ¿No fue así?

Bulgákov– Zamiatin no fue a San Petersburgo a que lo vacunasen contra la rabia, sino a estudiar en la universidad. Y luego se marchó a Inglaterra a trabajar. Se enteró de la Revolución por los periódicos ingleses.

Stalin– Así que no estaba en Rusia en Octubre. Valiente embustero. No debí dejarle salir. No estaba en Rusia en Octubre. Cuando volvió, se lo encontró todo hecho. Es como no haberse enamorado nunca y encontrarse una mañana casado desde hace diez años. ¿Y tú, Mijaíl, dónde estabas tú en Octubre? Cuando asaltamos el Palacio de Invierno, ¿dónde estabas tú? Qué tiempos aquellos, Mijaíl. ¡Qué tiempos aquellos!

Bulgákov– Aún no entiendo por qué le dejó salir. No puede ser un capricho, usted no hace nada por capricho. ¿Es Zamiatin mejor que yo? ¿Es ése el problema? No soy lo bastante bueno.

Stalin– ¿Cómo puedes decir eso? (*Recita de memoria.*) «Estimado Iósif Vissariónovich: Sombríos presagios se arrastran a mi alrededor como serpientes...». En tu última carta has alcanzado el punto más alto de tu obra. Te preguntarás por qué entonces no tomo de una vez una decisión. Mijaíl, tienes enemigos. Tantos, que me es imposible no escucharlos. A mis oídos llegan comentarios horribles sobre ti. Sin embargo, tus cartas son mejores cada día. Estás a punto de escribirme la carta adecuada, una carta mucho mejor que la de Zamiatin. Todo este tiempo no ha sido en vano, Mijaíl. Ahora más que nunca, no debes dejar que nada te distraiga. (*Toma el manuscrito.*) Un arranque muy ingenioso, siempre me sorprenden tus primeras escenas. Será una obra magnífica. Pero no olvides cuál debe ser, hoy por hoy, tu principal objetivo. (*Aleja de Bulgákov el manuscrito y pone ante él la carta. Va a salir. Se vuelve. Señala el manuscrito.*) Deberías guardar bien esa obra, no vaya a caer en malas manos. Te enviaré a alguien para que te ayude a guardarla.

Stalin sale. Al salir, se cruza con la mujer. Ésta viene de la calle. Bulgákov no la mira. Pausa.

Bulgákova– Hasta el último momento, pensé: «Mijaíl sabe que es peligroso. No me dejará ir sola». Hay otro Moscú, ¿sabes?, más allá de los muelles. Allí el río está sucio, los cuervos se posan sobre la nieve de la orilla. Estaba pensando: «Mijaíl debería estar aquí, conmigo», cuando oí el silbido de un hombre que me sonreía con las manos en los bolsillos. Caminé detrás de él una hora o más. Entró en una casucha y pensé: «En el último momento, Mijaíl aparecerá». En la casucha había una mesa llena de pasaportes sin foto y sin nombre. El hombre dijo: «¿Ha traído las fotos?». Luego me preguntó los nombres. Deberías haber estado conmigo cuando le dije tu nombre. (*Pausa.*) Ni siquiera en el mercado negro. Nadie quiere vender un pasaporte a Mijaíl Bulgákov. Hasta los peores escupen, en cuanto menciono tu nombre.

Bulgákov y la mujer se miran en silencio. Hasta que ella descubre el manuscrito. Se pone muy contenta.

¿Una novela? ¿La segunda parte de *La guardia blanca*? (*Lo toma. Lo hojea.*) ¡Una obra de teatro!

Bulgákov le arrebata el manuscrito.

¿No vas a leérmela?

No hay réplica.

¿Ni siquiera vas a decirme de qué trata?

Bulgákov– Del diablo. Estoy escribiendo sobre el diablo.

Bulgákov entierra el manuscrito bajo las cartas.

9

Pausa. Las cartas han invadido el lugar. Bulgákov no lleva su vieja camisa. Las manos de Stalin están pintadas de blanco.

Stalin– ¿Mijaíl Afanásievich Bulgákov?

Bulgákov– Yo soy.

Stalin– Buenos días, camarada Bulgákov.

Bulgákov– Buenos días, Iósif Vissariónovich.

Stalin– Hemos recibido sus cartas. Las hemos leído con los camaradas. Quiere marcharse al extranjero, ¿no es eso? Está harto de nosotros.

Bulgákov– Últimamente me he hecho mil veces la misma pregunta: ¿Puede un escritor ruso vivir fuera de su patria?

Stalin– Yo también me hago a menudo esa pregunta. Pero hablemos de usted. ¿Dónde quiere trabajar? ¿En el Teatro de Stanislavski?

Bulgákov– Claro que me gustaría. Pero no he recibido más que negativas.

Stalin– Presente una solicitud. Tengo la impresión de que esta vez la aceptarán. Tendríamos que reunirnos para charlar.

Bulgákov– ¡Oh, sí, Iósif Vissariónovich, tenemos que conversar!

Stalin– Habrá que encontrar un momento apropiado para ello.

Pausa larga. Stalin escribe allí donde Bulgákov solía hacerlo; Bulgákov no escribe.

Bulgákov– Estabas a punto de convocarme a un encuentro cara a cara. ¿Por qué no hemos llegado a encontrarnos? Me rompo la cabeza tratando de comprender. Tratando de comprender qué ha sucedido desde entonces.

Stalin– No es hacia atrás, sino hacia delante donde tienes que dirigir tu mirada. ¿No ves en el futuro nada para ti?

Bulgákov– Debí adelantarme y proponerte una fecha y una hora. Me faltó valor. ¿O fue el cansancio? ¿O la sorpresa? De pronto, suena el teléfono. Mi gran ocasión. Ya no hay nada que hacer. Cometí un error fatal. Arrastraré mi culpa mientras viva.

Stalin– «Arrastraré mi culpa mientras viva». ¿Por qué siempre tienes que ponerte tan trascendente? «Cometí un error fatal». Si no lo hubieses cometido, ¿el sol brillaría de otro modo?

Bulgákov– Si no lo hubiese cometido, ahora estaría escribiendo, en lugar de hablando solo como un poseso.

Stalin– Me aburre tu continua queja. Te pasas el día refunfuñando.

Bulgákov– Podrías decirme: «No escribas más, dedícate a otra cosa». A lo mejor me lo has dicho. ¿Me lo has dicho?

Stalin– No me marees, Mijaíl, tengo mis propios problemas. ¿Sabes cuánto cuesta un metro de hilo telefónico?

Bulgákov– ¿Por qué se retiene a un escritor cuyas obras no se autorizan? Si al menos levantases la prohibición sobre *Los días de los Turbin*...

Stalin– Hablas como si en la Unión Soviética se hiciese mi voluntad. ¿Crees que no cuenta la opinión de los otros camaradas? Molotov y los demás.

Bulgákov– Has hecho borrar mi nombre de todos los teatros de la Unión Soviética.

Stalin– Qué injusto eres. Sabes que soy tu más fiel espectador. He visto quince veces *Los día de los Turbin*, ocho veces *El apartamento de Zoika*. Puedo recitar escenas enteras de tus obras. En particular, de aquellas que los camaradas y yo hemos tenido que prohibir. Ponme a prueba. ¿Qué obra tuya quieres oír de arriba abajo? (*Recita*) «¡Dimitri, los obreros están ensuciando con sus botazas el mármol de la escalera...!».

Bulgákov– Lo peor no es que yo esté en el infierno. Lo peor es que mis obras lo están.

Stalin– Stalin te lee. ¿Qué más quieres?

Bulgákov– Cuantas palabras he escrito están en el infierno.

Stalin– ¿No sabes hablar de otra cosa que de lo mal que te va en la vida? Vives de las heridas. De chupar tus heridas. De que no se cierre la herida, de eso vives tú. En lugar de pasarte los días y las noches dándole vueltas a aquella maldita llamada, podrías hacer algo positivo. Sabes a qué me refiero.

Bulgákov– Eso nunca.

Stalin– ¿Nunca cambiarás, Mijaíl? Tú crees que la gente no puede cambiar, ¿verdad? Ése es el tema de todas tus obras: la gente no puede cambiar. También de esa obra que estabas escribiendo por las noches. ¿Qué es de ella? Aquella obra sobre el diablo.

Bulgákov– Tú sabrás. Entraron unos hombres y se llevaron el manuscrito. Dijeron que se lo llevaban al GPU. ¿Llamáis así ahora a la censura, GPU?

Stalin– ¿GPU? La primera vez que lo oigo. Preguntaré a Molotov. GPU...

Bulgákov– Lo pusieron todo patas arriba. Traían un papel oficial: «Orden 2287, expediente 45».

Stalin– GPU... Preguntaré a Molotov. Pero dime: ¿has escrito más escenas?

Bulgákov– Ni una palabra. No es posible escribir sabiendo que te vigilan.

Stalin– Tú, tranquilo. ¿Te hemos arrestado alguna vez?

Bulgákov– Pero ¿y mi obra? ¿Qué han hecho con ella? ¿La han quemado?

Stalin– Eso es imposible. Los libros no arden. Una obra muy interesante en su planteamiento. Confusa, sin embargo, en su desarrollo. El arranque es magnífico: un hombre y una mujer a los que visita el diablo... Lástima que el personaje de ella esté tan poco desarrollado. Te lo he dicho muchas veces: tu punto débil es siempre el personaje femenino. ¿Y si tratases de hacerla un poco más compleja? ¿Y si fuese ella la que abre la puerta al demonio? La imagen central es formidable: el diablo paseándose por Moscú, entrando en las casas de la gente... Tienes tanto talento, Mijaíl, tu imaginación es tan poderosa... Pero ¿por qué todo lo que escribes tiene que ser tan sombrío? Esas colecciones de rusos que parecen sacados de un manicomio... Como si la Revolución no los hubiese cambiado ni un poquito. Te gusta destacar las monstruosidades de nuestra gente, los peores rasgos de nuestro pueblo... ¿Por nada del mundo escribirás una obra que haga feliz a Stalin?

Pausa. Bulgákov niega.

¿Ni siquiera por ella lo harás?

Señala a la mujer, que viene de la calle. Agotada. Ya no le extraña ver a Bulgákov hablando solo. Tiende una carta a Bulgákov.

Reconozco que estaba equivocado respecto a ella. Pensé que se vendría abajo. Pero no, hasta ha aprendido a coser. Aunque ¿a qué precio? Mira sus manos. ¿Cuántas veces se hirió remendándote aquella camisa? Pobrecita. No fue educada para esto. ¿Cuántas veces te remendó aquella camisa? ¿Mil veces? ¿Un millón de veces? No quiere aceptar que el mundo ha cambiado. ¡Estamos en el siglo veinte! Pobrecita. La sombra de tu desgracia ha caído sobre ella. Yo pensaba: «Se vendrá abajo. Le pedirá de rodillas que escriba una obra para Stalin». Pobrecita. Las cosas que tiene que oír sobre ti. La gente es así, creen lo que leen en la prensa soviética. Escupen el suelo que pisa, en cuanto menciona tu nombre. Incluso en el mercado negro, allí donde sólo van los traidores.

Bulgákov– (*A su mujer.*) Te dije que no era el camino correcto. Hay que ir directamente a Stalin.

Stalin– Pobrecita. Está a punto de estallar. «Nunca te escuchará, Mijaíl. A menos que... ¿Quieres que salgamos del infierno? Toma la pluma y da una alegría a ese cerdo».

Bulgákov– (*A su mujer.*) No puedo.

Stalin– «Sabes escribir mentiras. Escribe las mentiras que Stalin quiere oír».

Bulgákov– (*A su mujer.*) No.

Stalin– «Inténtalo, por favor».

Bulgákov– (*A su mujer.*) No sería capaz. Aunque lo intentase con todas mis fuerzas.

Stalin– «Llámalo y dile que te dicte. Que firmarás la obra que a él se le antoje, con burgueses envenenando a ancianitas y bolcheviques repartiendo naranjas a los niños».

Bulgákov– (*A su mujer.*) Lo mejor que puedo hacer es escribirle una carta.

Toma papel y pluma.

Stalin– «Por una vez, ¿podrás tragarte tu estúpido orgullo? ¿Serás capaz de fingir una pizca de arrepentimiento? ¿De disimular tus ideas? ¿Podrás escribirle algo así como: "Le aseguro, camarada, que en el futuro seré su más leal compañero de viaje"?».

Bulgákov– (*A su mujer.*) ¿Lo tomas por tonto? No me ganaré su simpatía con embustes. Debo dirigirle una carta sincera. Cuando se trata de Stalin, sólo vale la verdad.

Stalin– «La verdad no nos ha ayudado hasta ahora. ¿Dónde nos ha arrastrado, tanta verdad?».

Bulgákov– (*A su mujer.*) Le pediré una cita. Cara a cara, le haré comprender mis razones.

Stalin– «Nunca te recibirá. No quiere hablar contigo».

Bulgákov– (*A Stalin.*) Ella cree que fue una alucinación. Que nunca me telefoneaste. Sin embargo, yo escuché cómo me decías: «Camarada Bulgákov, no podemos permitirnos prescindir de usted. Vamos a encontrarnos usted y yo para hablar acerca de su futuro». ¿Qué ha pasado entonces?, ¿qué está pasando? Ella cree que aquella llamada fue una trampa. Que condujiste la conversación conforme a tus intereses y la interrumpiste cuando te vino bien. Que me manejaste.

Stalin– A menudo me pregunto si esta mujer te conviene.

Bulgákov– La convivencia con ella se está volviendo imposible. Cada día es peor.

Stalin– Por lo menos, te ha quitado aquella camisa espantosa.

Bulgákov– No me la ha quitado. Yo mismo tuve que tirarla por la ventana. Insoportable, se está poniendo insoportable.

Stalin– Y todo el día mareándote con el mismo serial: «La vuelta al mundo de Zamiatin».

Bulgákov– Telegrama de Zamiatin desde Ámsterdam; postal de Zamiatin desde España...

Stalin– ¿Y en la cama?

Bulgákov– No sé. Desde hace tiempo... No sé qué me pasa.

Stalin– Lo dices como si fuera tuya la culpa.

Bulgákov– No sé.

Stalin– ¿Ha conseguido hacerte creer que tú eres el culpable? ¿Y todavía se atreve a decir que yo te manejo?

Te sientes culpable de estar conmigo en lugar de con ella, ¿no es así? Verdaderamente, esta mujer sabe cómo moverte los hilos. Ni siquiera te atreves a tocarme.

Pausa. Bulgákov se atreve a tocar a Stalin. Silencio.

Bulgákov– Si al menos volvieras a llamarme...

Stalin– ¿Estás intentando sobornarme, Mijaíl?

Bulgákov– No, no.

Stalin– Corromperme.

Bulgákov– No.

Stalin– Corromper a la nación, ¿es eso lo que pretendes?

Se aparta bruscamente de Bulgákov. Éste queda en el aire, como aquél a quien el amante se le evapora entre los brazos. Su mujer todavía le tiende la carta.

Bulgákova– Carta de Zamiatin desde París.

Pausa.

No es para ti. La envía a mi nombre. Quiere que me vaya con él. Ya sabes cómo es Zamiatin. Siempre sabe lo que quiere, y siempre habla claro.

Pausa. Deja la carta. Se acerca a él. Lo toca.

Vayamos a la frontera, Mijaíl. Tú y yo, sin papeles, sólo con nuestra voluntad. Vamos a la frontera. Para atravesarla, sólo necesitamos estar juntos.

Pausa.

Bulgákov– ¿Irme de Rusia?

Bulgákova– Sólo necesitamos estar juntos. Donde sea. Mijaíl, donde tú quieras, con tal de que estemos juntos.

Pausa.

Bulgákov– ¿Irme de Rusia? ¿Ahora, cuando él está tan cerca de aceptar mi punto de vista? Mi última carta le ha producido una honda impresión.

Pausa.

Bulgákova– ¿Por qué no te mata? ¿Por qué no envía a alguien a que acabe el trabajo? Habría muchos dispuestos a hacerlo. Todos ésos que me escupen. Todos me escupen, en cuanto menciono tu nombre.

Stalin– (*A Bulgákov.*) ¿Tiene que ir a todas partes con tu nombre por delante? Podría conseguir un pasaporte para sí misma. En el Comité de Asuntos Extranjeros, siempre que no vaya cacareando tu apellido. Dile que solicite un permiso para viajar sola al extranjero. Se lo entregarán al instante.

Bulgákov– No querrá irse sin mí. Habrá que obligarla, Iósif Vissariónovich. Sácala de Rusia, lejos de nosotros, donde no pueda hacernos daño.

10

Bulgákov calla.

Stalin– «¡Dimitri, los obreros están ensuciando con sus botazas el mármol de la escalera! ¡¿Quién ha quitado la alfombra?! ¡¡¿Es que Marx prohíbe cubrir con alfombras las escaleras?!!». Ninguno de tus actores te ha entendido como yo. ¿Sabes por qué, Misha? Porque nadie te conoce como yo. Igual que nadie me conoce como me conoces tú. Por eso me siento tan a gusto aquí, contigo. En cuanto puedo, agarro el abrigo y me vengo a tu casa. Cada día aguanto menos el Kremlin. Es tan aburrido, con todos esos burócratas y políticos... Estoy rodeado de intrigantes. Molotov y los demás, si oyeras las cosas que me dicen sobre ti... No tienen sensibilidad, y sospechan de cualquiera que la tenga. No sé qué harían conmigo si se enteraran de que también yo escribo poesía. (*Silencio. Saca un papel.*) «La mañana». (*Silencio. Recita.*) «La brisa huele a trigo y a tractores. / Al despertar, la tierra / saluda a los campesinos. / Alegres abren / surcos al nuevo día. / Más allá, rasgando / el velo de las nubes / cantan los aviadores: / "Patria, danos tus frutos. / Nosotros te daremos nuestro trabajo"». (*Espera la aprobación de Bulgákov. Silencio.*) ¿Sabes lo que más respeto de ti, Misha? Que no tienes miedo a las palabras. En unos tiempos en que una palabra te puede costar la vida, tú siempre dices lo que piensas. (*Espera la aprobación de Bulgákov. Silencio. Rompe el papel.*) Tienes razón, no he nacido para la poesía.

La poesía ablanda el alma. Un luchador no puede ser poeta. ¿Sabes cuántos kilómetros de teléfono he tendido en tres meses? Tú eres el poeta y yo el luchador. Pero ¿acaso no tengo derecho a soñar con una poesía para luchadores? ¿No tengo derecho a soñar con una cultura revolucionaria? Ésa es la pregunta que me desvela noche tras noche. ¿Podemos fiarlo todo a esos artistas que se llaman a sí mismos «de izquierdas»? Tienen el carné del partido, pero ¿tienen talento? Saben cuándo levantar la bandera roja y cuándo esconderla; cuándo cantar loas al zar y cuándo a la hoz y el martillo. Pero ¿pueden hacer un arte digno de la Revolución? Necesitamos hombres como tú, Misha. Artistas de verdad. Lástima que os cueste tanto entender lo que el pueblo necesita de vosotros. Fíjate en el pobre Maiakowski. Hizo bien en pegarse un tiro. Ya no era aquel joven Maiakowski que a cada paso abría un sendero en el bosque. El viejo Maiakowski salió del bosque a una carretera asfaltada, se dedicó a poner en verso mis decretos. ¿Creía que era eso lo que yo esperaba de él, que pusiese en verso mis decretos? Hizo bien pegándose un tiro. (*Silencio.*) ¿Cuál es la causa del silencio del arte verdadero? ¿La miseria? No. Los artistas rusos estáis acostumbrados a pasar hambre. La razón de vuestro silencio no es la falta de pan, sino una mucho más profunda. El arte no pueden hacerlo leales funcionarios, sino herejes peligrosos como tú. Si un escritor intenta ser leal, hará una literatura con la que mañana envolveremos la pastilla de jabón. Pero ¿por qué a los verdaderos artistas os costará tanto entender lo que el pueblo necesita de vosotros? El corazón del pueblo es tan caprichoso... Es mucho más fácil defender al pueblo de sus enemigos que defenderlo de los que lo aman. ¿Sabes que incluso la obra de Gorki *El obrero Slovotekov*, incluso esa inocentísima obra, hemos tenido que retirarla del repertorio? Como lo estás oyendo, Misha, *El obrero Slovotekov*, ¿crees que no me duele? Mírame a los ojos, Misha, mírame cuando te hablo. Es mucho más fácil defender al pueblo de sus enemigos que defenderlo de sí mismo. Qué más quisiéramos los camaradas y yo que la Unión Soviética estuviese llena de verdaderos artistas. ¿Acaso al arte ruso sólo le queda un futuro: su pasado? Dímelo tú, Misha. ¿Por qué no me miras? ¿Es que te doy miedo, por eso bajas la mirada? ¿Alguna vez te he puesto la mano encima? Estoy cambiando, Misha, tú me has hecho cambiar. Ya no soy aquel bruto insensible. Ayer noche, leyendo tu última carta, se me saltaban las lágrimas. No me crees, ¿eh? Tú piensas que la gente no puede cambiar. Pero la Revolución está cambiando a la gente. ¿Sabes cuántos kilómetros de teléfono vamos a tender en el próximo quinquenio? Muy pronto te voy a hacer llamar y conversaremos acerca de ello. Me gustaría tanto tenerte allí, en el Kremlin, tener allí un verdadero amigo. No puedo probar bocado sin miedo a que me envenenen. No puedo abrir la boca sin miedo a que me hayan envenenado el aire. Muy pronto podrás venir a verme. En cuanto estés preparado. Un poco de paciencia, Misha. No dejo de pensar en ti. Me preocupa tu aspecto. Te conviene salir de casa. Mezclarte con la gente. Si sigues apartándote del pueblo, enloquecerás. Paciencia, Misha, muy pronto la gente volverá a quererte. En cuanto estén preparados. No habrá verdadero arte mientras el pueblo sea un niño cuya inocencia hay que proteger. Entretanto, los camaradas y yo llenaremos de teléfonos la Unión Soviética. Haremos que cada hogar, desde Brest hasta Vladivostok, tenga su propio teléfono para hablar directamente con Stalin. Te juro, Misha, que lo conseguiremos. Cueste lo que cueste.

La mujer ha entrado con su maleta, vestida para salir de viaje. Ha ido al lugar donde Bulgákov escribía. Ha recogido el manuscrito de Bulgákov para llevárselo consigo. Ha mirado a Bulgákov por última vez. Se ha ido sin dirigirle un gesto de despedida.

LA PAZ PERPETUA

PERSONAJES

Odín	(Rottweiler impuro)
Enmanuel	(Pastor Alemán)
John-John	(Cruce de varias razas)
Casius	(Labrador)
Ser Humano	

Cualquier lugar cerrado con dos puertas.
Odín, Enmanuel y John-John duermen. John-John lleva puestos unos auriculares.
Odín despierta con malestar. No sabe dónde está, quiénes son los otros. Guiado por su olfato, busca agua, la encuentra, la huele, bebe. Observa a los otros, que todavía duermen. Examina el lugar. Comprueba que las puertas están cerradas.
Enmanuel despierta. No sabe dónde está, quiénes son los otros.

Enmanuel– ¿Puedes ayudarme, amigo? Estoy enfermo.

Odín– Ni yo soy tu amigo ni tú estás enfermo.

Enmanuel– Alguien me dio de beber y luego… No recuerdo nada de luego.

Odín– Echa un trago, te sentará bien. Es buena. El mareo, el amargor en la boca, el frío en la barriga, en seguida se te pasarán. No estás enfermo. Nos drogaron. Es lógico.

Enmanuel– ¿Qué es lógico? ¿Que nos droguen?

Odín– No quieren que sepas dónde estás. Es lógico.

Enmanuel bebe agua. Empieza a sentirse mejor.

Enmanuel– Mi nombre es Enmanuel.

Ofrece su mano a Odín, que la ignora.

Odín– No recuerdo haberte visto en el estadio, Enmanuel.

Enmanuel– Éramos más de cien.

Odín– A la bella durmiente sí la recuerdo. Estaba en el grupo C. ¿Y tú?

Enmanuel– En el F.

Odín– ¿En el F? ¿Seguro? No recuerdo ningún pastor alemán en el F.

Enmanuel– No te fijarías bien.

Odín– ¿Qué tiempo hiciste en la carrera de obstáculos?

Música. Enmanuel y Odín esperan que pase algo. No pasa nada.

Yo lo hice en siete y medio. ¿Qué tiempo marcaste tú?

Enmanuel– No acabé. Tropecé en la tercera valla.

Odín– ¿Fuiste tú el tipo que se comió la valla?

Enmanuel– No la vi. Me distraje.

John-John– Cinco coma cuarenta y ocho.

John-John abre los ojos. No sabe dónde está, quiénes son los otros.

Cinco segundos cuarenta y ocho centésimas. Con el viento en contra.

En sus auriculares escucha algo que no oímos. Marca su territorio.

¿En serio necesitaste siete y medio? ¿Te hicieron correr con una pata atada al lomo?

La música cesa. Los tres esperan que pase algo. No pasa nada.

Mira dónde pones la cola. ¿No ves las marcas?

Teatralmente, Odín se tumba en la zona marcada por John-John.

Voy a contar hasta tres. Luego voy a limpiar mi zona. Voy a sacar de mi zona toda la basura que encuentre.

Odín tatarea la música.

Uno. Dos. Tres.

Va a saltar sobre Odín cuando se abre una de las puertas –la llamaremos puerta A–, por la que aparece el Ser Humano. John-John mira a Odín como aplazando el combate y va por el muñequito de goma que le lanza el Humano, se lo devuelve con la boca para que el Humano se lo tire otra vez... El Humano se comunicará con él, como con los otros, usando monosílabos. El Humano y John-John juegan hasta que, también por la puerta A, entra Casius, tuerto y cojo; en su cuello hay un viejo collar blanco.

Casius– ¿Han hecho buen viaje, caballeros? ¿Están cómodos? Si necesitan algo, sólo tienen que pedírselo a él. (*Señala al Humano.*) Él está aquí para servirles.

John-John– (*A Odín y Enmanuel.*) Pero si es… ¿No lo habéis reconocido?

Casius– Están aquí porque sobresalen del resto de los aspirantes. Son los mejores candidatos. Nuestros finalistas.

John-John– ¡Ese viejo labrador es el gran Casius! No sabía que estuviese vivo. ¡Casius va a examinarnos!

Casius– Tres finalistas y sólo un collar libre. Un collar como éste. ¿Habían visto alguna vez un collar de K9?

Odín, Enmanuel y John-John admiran el collar blanco de Casius.

John-John, Odín, Enmanuel, los tres aspiran a ser un K9, pero sólo uno puede serlo. Sólo uno es el mejor, y estamos aquí para encontrarlo. El examen final consta de tres pruebas. La primera, que aquí comienza, es un ejercicio práctico.

John-John– ¿No habéis oído? Sólo hay un collar libre. Yo fui destinado a ese collar antes de nacer. Mis padres ya hacían este trabajo, y los padres de mis padres. No malgastéis vuestro tiempo.

Casius hace un gesto al Humano. Éste entrega a cada candidato una tiza de color.

Casius– Hace tres días, dos hombres mantuvieron aquí una conversación. Uno de ellos estaba enfermo. Reconstruyan el recorrido del enfermo desde que entró hasta que salió. Pueden cantar.

A un gesto de Casius, el Humano pone en marcha un cronómetro: tic-tac, tic-tac... Los candidatos olfatean el recinto. John-John apresurada, caóticamente, cantando; Enmanuel, metódicamente, parcelando el espacio; Odín, sin desplazarse, moviendo sólo la nariz. Al rato, eufórico, John-John marca en el suelo un itinerario. Casius consulta su cronómetro y hace una anotación en un cuaderno. Al rato, Odín marca otro itinerario; Casius consulta el cronómetro y anota en el cuaderno. Al rato, Casius hace un gesto al Humano para que detenga el cronómetro, anota y sale por la puerta A, que cierra. Silencio.

John-John– ¿Por qué?

Odín– ¿Por qué qué?

John-John– ¿Por qué no paró el reloj cuando encontré el rastro?

Odín– ¿Sabes qué encontraste? (*Se troncha. Juega con la expectación de John-John.*) Gusano, eso encontraste.

John-John olfatea el rastro que marcó.

John-John– No es gusano. Conozco el olor del gusano.

Odín– Tienes la cola en mi zona. No es hombre, es gusano. Saca la colita de mi zona.

Van a pelear. El Humano los separa echándoles carne. John-John come con mal humor.

Te va a sentar mal si la comes con mala leche. Míralo por el lado bueno, corazón: has encontrado a tu maestro. Primera lección: «En qué se diferencia el hombre del gusano».

John-John– Faltan dos pruebas. No vas a quitarme el collar.

Odín– No sé si quiero ese collar. Lo sabré cuando escuche las condiciones.

John-John– Si no sabes si quieres ganar, no puedes ganar.

Odín– La verdad es que empiezo a sentirme motivado. Nunca había catado carne como ésta.

John-John– Un tipo como tú no puede gustar a Casius. ¿Sabes cómo perdió ese ojo? Luchando por algo más importante que su estómago.

Odín– Llevas razón, no puedo gustarle al viejo. Pero yo encontré el rastro. No tengo tu pedigrí, princesa, soy el cruce de dos chuchos callejeros. Pero yo llamo al pan, pan, y al gusano, gusano.

Enmanuel– Quizá no hubiese nada que encontrar.

John-John– ¿?

Enmanuel– Quizá fuese un farol.

Odín– Si no había rastro, ganaste tú cerrando la boca. Pero sí había. Y yo lo encontré.

Enmanuel– Puede ser. Pero quizá querían evaluar otras cosas. No nuestro olfato. O no sólo eso.

John-John– Ah, ¿si? ¿Qué otras cosas podían querer evaluar?

Enmanuel– Nuestro olfato ya no es tan importante. He leído que en Colombia usan ratas, y en Israel, puercos.

Odín– ¿Marranos?

Enmanuel– Por lo visto, son más fáciles de adiestrar, y más baratos. En todo caso, nuestro olfato cada día va a cotizar menos. He leído que los japoneses han inventado una nariz artificial.

Odín– ¿La napia mecánica? ¿Con pelos o sin pelos?

Enmanuel– Hay que hacerse a la idea: pronto habrá máquinas con mejor olfato que nosotros. Y más ágiles, y más fuertes. Pero hay cualidades que ninguna máquina tendrá jamás.

John-John– ¿Qué más podían querer evaluar? Di.

Enmanuel– La serenidad ante una situación límite. La rapidez de análisis de un contexto complejo. La capacidad de observar a otros individuos.

John-John– Te crees muy listo, ¿no?

Enmanuel– No.

John-John– Me ponen enfermo los listillos. Te crees que soy un saco de músculos sin cerebro, un fortachón gilipollas.

Enmanuel– No tanto como para atacarme y autoeliminarte. Probablemente estamos siendo observados. ¿Vas a hacer que te expulsen por no mantener el control?

John-John renuncia a pegar a Enmanuel. Le duele la cabeza.

¿Te pasa algo? ¿Te encuentras bien?

John-John toma una pastilla para aliviar su dolor.

Odín– (*Al Humano.*) Tengo hambre. Tráeme más.

John-John– No le hables así. Un respeto.

Odín– (*Al Humano.*) ¿No me has oído? Otro filete, volando.

John-John va a atacar a Odín, que se prepara para luchar. Pero Odín se vuelve hacia la otra puerta, que llamaremos puerta B. La olfatea.

Hay algo al otro lado. Algo vivo.

John-John pega su oreja a la puerta B. Confirma que al otro lado hay algo vivo.

Enmanuel– Ya os he dicho: nos observan. Seguro que hay micrófonos por todas partes. (*Señalando a un espectador.*) ¿No es eso una cámara?

Como a una cámara, Odín dedica al espectador gestos burlescos. El Humano pone correa a John-John, le quita los auriculares y se lo lleva por la puerta A, que cierra. Odín y Enmanuel disimulan su desconcierto.

Odín– Ese chico, ¿no es un poco raro? Tiene orejas de bóxer, pero su hocico es de rottweiler. Y se mueve como un pit–bull.

Enmanuel– Y habla como un dogo.

Odín– ¡Sí! ¡Habla como un dogo!

Enmanuel– Cada vez son más audaces en los cruces.

Odín– Me dan grima esos bichos de laboratorio. No sé dónde vamos a parar.

Enmanuel– Están buscando el perro perfecto. El perro diez. Llevan siglos buscándolo. ¿Sabías que los doberman no son naturales?

Odín– ¿Son de plástico?

Enmanuel– No había doberman en el Arca de Noé. Los creó un tal Luis Doberman, un guardia nocturno, a base de cruzar todo tipo de razas.

Odín– ¿Luis Doberman? Estás de coña.

Enmanuel– Buscaba el perfecto guardián: la agresividad del pinscher, la resistencia del rottweiler, las mandíbulas del pointer…

Odín– Fue mezclando hasta dar con el perfecto hijodeputa.

Enmanuel– Tuvo éxito. Un doberman lo mató.

Silencio.

Este sitio es…

Odín– Demasiado limpio. No me gusta.

Enmanuel– ¿A qué huele?

Odín– Han fregado hace tres horas. Han echado desinfectante.

Enmanuel– ¿Qué hora será?

Odín– No sé.

Enmanuel– La luz ha cambiado tres veces. Y la temperatura. Escucha. ¿No es…? ¿Aviones?

Odín– Puede ser.

Silencio. Música.

¿Qué cojones está pasando? ¿Ha ganado él? ¿O es que lo han eliminado?

Enmanuel– ¿Por lo del gusano?

Odín– No es gusano. Lo dije por joderle.

Silencio.

Me pregunto qué música oirá este tío.

Coge los auriculares de John-John. A Enmanuel no le parece bien, y menos que se los ponga. Lo que oye con los auriculares asombra a Odín.

¿Cómo no va a dolerle la cabeza, oyendo esta mierda?

Odín pasa los auriculares a Enmanuel, que se deja convencer y se los pone, pero no aguanta con ellos ni tres segundos.

Explosiones, gritos, ambulancias... Ese tío está colgao.

Silencio.

No, no creo que lo hayan echado. Si ese chaval es bóxer más rottweiler más pit–bull más dogo y encima está colgao, será imposible ganarlo.

Enmanuel– Es un rival difícil, sí.

Odín– A menos que tú y yo hagamos pinza. No pongas esa carita, me has comprendido muy bien, te estoy proponiendo un pacto. Lo sacamos de la pista y luego nos la jugamos entre tú y yo. A ese tío le sobra músculo, pero tiene menos calle que Venecia. Entre tú y yo vamos a convencer a ese primavera de que éste no es lugar para un campeón como él. Que podría forrarse en esos concursos de belleza para perros maricones. Retiramos al engendro y nos jugamos el collar blanco entre tú y yo, entre dos perros de verdad. ¿Qué me dices?

Enmanuel– Que gane el mejor. Si John-John es el mejor, debe ganar él.

Odín– «Que gane el mejor». ¿A quién quieres engañar? Ah, estabas hablando a cámara. (*Al espectador-cámara, parodiando a Enmanuel:*) «Que gane el mejor. Si John-John es el mejor, debe ganar él. Y si hay que chupársela a alguien, aquí está mi boquita». (*A Enmanuel.*) ¿Los tomas por tontos? (*Al espectador-cámara.*) Señor Casius, o quien cojones nos esté mirando: yo sé que usted aprecia la sinceridad. Si usted y yo llegamos a un acuerdo respecto de las condiciones, puede estar seguro de que…

Calla al abrirse la puerta A. Es el Humano, que regresa con John-John. El Humano pone correa a Enmanuel, se lo lleva y cierra. John-John se pone sus auriculares. Silencio.

¿Qué tal el paseo? ¿Hace buen día?

John-John– Este sitio es alucinante. Tienen aparatos de la hostia, tecnología punta para medirte de todo: agudeza visual, reflejos, ADN… De la hostia.

Odín– Así que tú eres el elegido. Porque todas esas mediciones significan que te han elegido.

John-John– ¿En serio lo crees?

Odín– Qué le vamos a hacer, eres el mejor. Los habrás acojonado con tus cifras: agudeza, reflejos, código genético…

John-John– 40 % bóxer, 30 % rottweiler, 15 % pit–bull, 15 % dogo.

Odín– Pero no eres sólo genética. Se ve que te has preparado a fondo para llegar aquí.

John-John– Ya lo creo. Tuve los mejores maestros.

Odín– Un colegio caro, supongo.

John-John– Seis mil al semestre.

Odín– Y estuviste allí ¿cuánto tiempo?

John-John– Año y medio.

Odín– O sea, que vales dieciocho mil. ¡Estoy ante un perro de dieciocho mil! ¡Guau!

John-John– Sí, eso costó mi educación.

Odín– Es dinero bien empleado. Es una profesión con mucho futuro. Seguro que era difícil pillar plaza en ese cole.

John-John– Seleccionan a los cachorros de mejor pedigrí. Los tres primeros meses son eliminatorios: si no vales, a casa. En ese tiempo te condicionan a no llorar aunque te duela algo, a aguantarte el hambre y la sed y, sobre todo, a no tener miedo. A todas horas te ponen ruidos de explosiones, para acostumbrar los nervios. Luego viene la especialización: narcóticos, inmigración o seguridad. Pero no puedes elegir: a los mejores nos mandan a seguridad. En seguida empiezas la prácticas: embajadas, estadios, aeropuertos… Te preparan para reaccionar en cualquier circunstancia. Te sueltan en un súper lleno de gente y tienes que neutralizar a un hombre-bomba.

Odín– ¡Un hombre-bomba! ¡Qué emocionante!

John-John– Bueno, a un actor que hace de hombre-bomba. En mi colegio, nada de muñecos, siempre actores, aunque sea más caro. Actores en todo tipo de simulacros: seguimiento de sospechosos, secuestros, desescombros, manifestaciones…

Odín– ¿Manifestaciones?

John-John– Lección cuarenta y uno: «Una manifestación mal resuelta / bien se convierte en revuelta». Te enseñan a ser persuasivo, a que utilices la violencia como último recurso. Lección treinta y nueve: «Si sabes enseñar los dientes,/ no precisas morder gentes».

Odín– Echas de menos tu colegio, ¿eh, chaval?

John-John– Hubo momentos difíciles. Pero se superaron por la amistad y la camaradería.

Odín– Aquí todo es muy distinto, ¿verdad? Aquí no puedes confiar en nadie. Ese tipo, Enmanuel. No me fío de él.

John-John– Ni yo.

Odín– Su boca dice una cosa y su olor expresa otra. Actúa como si fuese nuestro amigo. Pero no está aquí para hacer amigos. Está aquí porque quiere el collar blanco, y sólo hay un collar blanco. Él sabe que tú eres un rival invencible. Por eso se ha inventado lo de las cámaras. Perro listo.

John-John– ¿No hay cámaras?

Odín– ¿Cuándo sacó el tema? Justo cuando estabas a punto de darle su merecido. Cree que con su labia te va a anular. ¿Sabes lo que me acaba de decir sobre ti?

John-John– ¿Qué? ¿Qué te ha dicho de mí?

Odín– «Mucho músculo, pero tiene menos calle que Venecia».

John-John– ¿Que tengo menos calle que Venecia, eso dice el muy cabrón? ¿Qué quiere decir con eso?

Odín– Venecia. Esa ciudad sin calles, toda de agua.

John-John– En el colegio no dábamos geografía. Será hijodeputa... Pero ¿qué quiere decir?

Odín– Que eres un primavera. Un panoli.

John-John– Hijodelagranputa...

Odín– Ese tipo es una hiena. ¿Sabes por qué te ha dicho lo de las cámaras? Quiere privarte de tu mayor virtud: el instinto. Sabe que está perdido si te dejas guiar por tu instinto. ¿Qué te pide tu instinto?

John-John– Matarlo.

Odín– Quiero verlo a tus pies, con el cuello partido, desangrándose.

John-John– Sí. ¡Sí!

Odín– No te precipites. Cuando esté desprevenido, te lanzas sobre él como un relámpago.

John-John– Como un relámpago.

Odín– No olvides que es perro listo. No dejes que te líe. Demuéstrale que tú eres más listo que él. Ahí vienen. Ya sabes, como un relámpago.

John-John– Como un rel…

Odín– Shssss.

Se abre la puerta A. Es el Humano, que vuelve con Enmanuel. El Humano pone correa a Odín y se lo lleva. Antes de salir, Odín intercambia una mirada con John-John. Enmanuel nota algo raro en la actitud de John-John. Cada vez que Enmanuel le da la espalda, John-John se dispone a lanzarse sobre él. Una y otra vez, Enmanuel se vuelve, frustrando el ataque.

Enmanuel– Odio los análisis. No soporto ver sangre. Desde cachorro, es ver la aguja y marearme… Y que me hagan orinar, lo llevo fatal… Ese aparato que parecía un cuentakilómetros, ¿conseguiste tú saber qué medía?... Y luego, te toman la huella de una sola pata. De la mano izquierda.

John-John– Conque un primavera, ¿eh? Conque un panoli. Conque menos acera que Valencia.

Enmanuel– ¿Qué te pasa?

John-John– Me pasa, sabihondo, que voy a hacerte picadillo.

Se lanza sobre Enmanuel. Pero, para sorpresa de John-John, Enmanuel contraataca como un buen luchador. Pelean. John-John se está imponiendo.

Enmanuel– ¿Has oído eso?

John-John– ¿Qué?

Señala hacia la puerta B.

Enmanuel– Detrás de esa puerta. ¿No oyes como un rezo? ¿No hay alguien rezando?

John-John– Yo no oigo nada.

Enmanuel– ¿Tú crees en Dios?

John-John– ¿?

Enmanuel– Si Casius te plantea el tema «Dios», ¿has pensado qué contestar? En la entrevista, es un tema probable. En los tiempos que corren, no se puede hacer este trabajo sin saber teología. Muchos de ésos que van por ahí poniendo bombas dicen que tienen a Dios de su lado. Matan en nombre de Dios. Pero ¿qué quieren decir con «Dios»?, ¿qué hay en su cabeza cuando hablan de Dios? Si Casius te saca el tema, «Terrorismo y Dios», ¿qué responderás?

John-John– En mi colegio no dábamos religión.

Inmoviliza a Enmanuel, lo tiene a su merced.

Enmanuel– (*Apenas inteligible.*) Yo empezaría hablándole de la apuesta de Pascal.

Pausa.

John-John– ¿La apuesta de quién?

Enmanuel– Pascal dice: tanto la existencia de Dios como su inexistencia son indemostrables; por tanto, consideremos la cuestión como una apuesta. Es como una ruleta de dos casillas; una dice: «Dios existe»; la otra dice: «Dios no existe». Según Pascal, conviene apostar por la casilla «Dios existe».

John-John– ¿?

Enmanuel– Si apuestas «Dios no existe» y Dios efectivamente no existe, ¿qué ganarás? Sólo esos fugaces placeres a los que renuncia el creyente y que el ateo se permite. Esos mismos efímeros goces que perderás si apuestas «Dios existe» y resulta que Dios no existe. En cambio, si apuestas «Dios no existe» y Dios existe, lo lamentarás eternamente en el infierno. Por último, si apuestas «Dios existe» y Dios existe, ganarás la eternidad.

Silencio.

John-John– ¿Me lo repites?

La presión de John-John se ha ido relajando. Sin que John-John se dé cuenta, Enmanuel, mientras conversan, acaba de zafarse.

Enmanuel– Es como un dado de sólo dos caras…

John-John– ¿No era como una ruleta?

Enmanuel– Da igual. Una ruleta de dos casillas, una baraja de dos cartas, una moneda… Eso es, una moneda: cara o cruz.

John-John– No me líes, no me líes, que te…

Enmanuel– Vale, vale, ruleta, dos casillas. Una dice «Dios existe»; la otra dice «Dios no existe».

Enmanuel utiliza dos objetos que encuentra para representar «Dios existe» y «Dios no existe».

¿Qué eliges?

John-John– Esa casilla.

Enmanuel– ¿Apuestas «Dios no existe»?

John-John– ¿No es eso «Dios existe»?

Enmanuel– Eso es «Dios no existe».

John-John– Pues ésa.

Enmanuel– Escucha a Pascal: «Si Dios existe, puedes ser condenado por los siglos de los siglos. Si no existe, todo se irá a la mierda de todas formas».

John-John– Pascal lleva razón. La otra.

Enmanuel– Según Pascal, ésa es la apuesta inteligente. Según Pascal…

Se abre la puerta A. El Humano trae a Odín, quien no entiende lo que está viendo.

John-John– (*A Odín.*) ¿Tú crees en Dios?

Odín lleva aparte a John-John.

Odín– Se suponía que lo iba a encontrar a tus pies, con el cuello partido, desangrándose. ¿Qué demonios ha pasado?

John-John– ¿Has oído hablar de un apostador llamado Pascal?

Odín– Te ha liado. Te has dejado liar.

John-John le enseña los objetos que representan las dos casillas.

John-John– Una ruleta: Dios existe o Dios no existe. Si apuestas aquí, la eternidad; si no, ¿qué pierdes? ¿Qué pierdes, eh? No, no era así, ¿cómo era? Una ruleta. Si apuestas por esto, ardes eternamente. Pero si no hay Dios… Todo empezó por un murmullo detrás de esa puerta, entonces él me preguntó acerca de Dios y al rato estábamos hablando del tal Pascal.

Odín– Ese tipo es una serpiente.

John-John– ¿Pascal?

Odín– Es taimado como un reptil.

John-John– Pero es un tema probable: Dios. ¿Qué dirás si Casius te lo plantea?

Callan al entrar Casius por la puerta A.

Casius– Caballeros, es tiempo de dar comienzo a la segunda prueba.

John-John– ¿Qué hay de la primera, señor? ¿No va a darnos los resultados?

Casius– Sólo admitiremos una cruz por pregunta. Cada respuesta errónea será evaluada con un punto negativo.

El Humano entrega a cada candidato bolígrafo y papel. Siguiendo indicaciones de Casius, pondrá en marcha o detendrá el cronómetro: tic-tac, tic-tac...

Uno. ¿Cuál es el radio de acción de siete gramos de trilita?

a) 100 m.

b) 20 m.

c) 500 m.

Tiempo.

Tiempo. Dos. Al identificar un vehículo–bomba en movimiento, ¿qué ha de hacer el perro?

a) Matar al conductor.

b) Inmovilizar al conductor, dejándolo con vida.

c) Interponerse en la ruta del vehículo, provocando la explosión.

Tiempo.

Tiempo. Tres. En caso de desacuerdo entre el hombre y el perro, ¿quién decide?

a) El hombre.

b) El perro.

c) No puede haber desacuerdo.

Tiempo.

Tiempo. Cuatro. En caso de ser capturado, ¿qué ha de hacer el perro?

a) Fingir que se pasa al enemigo.

b) Cortarse la lengua.

c) Suicidarse.

Tiempo. John-John se toma una pastilla.

Tiempo. Cinco. Huelan estas tres prendas y digan cuál corresponde a un terrorista.

Tiempo.

Tiempo. Seis. Si la neutralización de un sospechoso pone en peligro una vida inocente, ¿qué ha de hacer el perro?

a) Desistir de la neutralización.
b) Completar la neutralización.
c) Ninguna vida es inocente.

Tiempo.

Tiempo. Siete. Ante la imposibilidad de proteger simultáneamente a dos posibles víctimas, ¿a quién protegerá el perro?

a) A la víctima más joven.
b) A la víctima más débil.
c) A la víctima de mayor valor simbólico.

Tiempo. John-John se toma una pastilla.

Tiempo. Ocho. ¿Dónde hay que morder a un hombre bomba?

a) En los ojos.
b) En los testículos.
c) En la mano izquierda.

Tiempo.

Tiempo. Nueve. ¿Cómo calificaría a los españoles que combatieron contra el invasor francés en los años 1808 a 1813?

a) Insurgentes.
b) Terroristas.
c) Partisanos.

Tiempo. John-John se toma dos pastillas.

Tiempo. Diez. En menos de veinticinco palabras, defina el concepto «Terrorismo».

Tiempo.

Tiempo. Firmen y entreguen.

Casius recoge los exámenes y sale por la puerta A, que cierra. Furioso, John-John golpea suelo y paredes.

John-John– Mierda, mierda, ¡mierda! En casi todas, la a era igual que la b, y la c lo mismo pero en otro orden. «Defina "terrorismo"». ¿A qué cojones viene eso? Hasta un cachorro sabe qué es el terrorismo. Por lo menos tengo seis bien. Por lo menos cuatro. «Defina "terrorismo"». ¿Tú qué pusiste?

Odín– La dejé en blanco.

John-John– ¿En blanco? ¿Cómo que en blanco?

Odín– ¿Cuántos años tienes, chico?

John-John– Tres.

Odín– A tu edad, ya deberías saber lo que los hombres hacen con las palabras. «Terrorismo». Ellos usan las palabras. Las estiran, las encogen, las retuercen, las mueven de un sitio a otro. No te dejes enredar por sus palabras.

John-John– ¿De qué hablas? Tú, ¿de qué lado estás?

Odín– Yo no estoy de ningún lado, y tú tampoco. Los perros no tenemos lado, ni patria, ni casa. No me caes bien, chico, pero voy a darte un buen consejo: no te metas en las cosas de los hombres.

John-John– ¿Cómo que los perros no tenemos lado? Yo tengo lado, ya lo creo que lo tengo.

Odín– ¿Por qué no repasas eso de Pascal, majo? Me parece que lo tienes pelín verde. Pero si lo fijas bien, vas a dejar a Casius tiritando.

Da a John-John los elementos de la ruleta imaginaria. John-John empezará a hablar solo, intentando reconstruir el argumento de Pascal.

Enmanuel– (*A Odín.*) No hablarías así si hubieses pasado por ello.

Odín– ¿No hablaría cómo si hubiese pasado por qué?

Enmanuel– Si hubieses visto la sangre de los inocentes, no hablarías como hablas.

Odín– No conozco a nadie inocente.

Enmanuel– Eres un cínico. ¿Sabes que los griegos llamaban así, «cínicos», a unos filósofos que imitaban a los perros?

Odín– «Cínico». Me gusta. Suena bien: «Odín el cínico».

Enmanuel– A ti no te han querido mucho, ¿eh?

Odín– Te equivocas. Mi amo número cuatro, ése me adoraba. Él me puso Odín. ¿Te lo imaginas, al menda? La clase de gilipollas que llama «Odín» a su perro. Dime cómo llamas a tu chucho y te diré qué problema tienes. Era un acomplejado, los dueños de rottweiler son todos unos acomplejados. En realidad, nadie que tenga perro en casa es de fiar. La homosexualidad ya me parece bastante mal, pero vivir con un perro... Miro a un perro y ya sé cómo es su amo. Viéndote a ti, me figuro que tu amo sería un auténtico capullo.

Enmanuel– Voy a ganar ese collar sólo para que no lo ganes tú.

Odín– Tú no puedes ganar, gordito. La pelea es entre el macizo y yo. Más te vale encoger el rabo y dejarnos solos. Este trabajo no es para capullos.

John-John– (*A Enmanuel.*) ¿Podemos repasar lo de «Si Dios no existe» cuando Dios no existe? No acabo de cogerlo.

Enmanuel– No intentes repetir los argumentos de Pascal, ni los de nadie. ¡Sapere aude!

John-John– ¿Cómo?

Enmanuel– El lema de Kant: «!Sapere aude!». Quiere decir: piensa por ti mismo; no dejes que nadie te diga lo que debes pensar; hazte preguntas, confía en tu razón. ¡Sapere aude!

Silencio.

John-John– Pero entonces, tú... Tú tendrás tu propia idea de Dios. No la de Pascal, la tuya. ¿Cómo ves tú el tema?

Enmanuel– He pensado mucho en ello últimamente. Noches en vela para llegar a la conclusión de que Dios es la idea de algo deseado pero inalcanzable.

John-John– ¿?

Enmanuel– Un ideal que no puede alcanzarse en este mundo, así veo yo a Dios. Si hay un Dios, es un Dios lejano y silencioso. No interviene en la Historia, no reparte premios ni castigos...

John-John– Un Dios que ni entra ni sale, ni premia ni castiga... ¿Qué mierda de Dios es ése?

Enmanuel– Tienes razón, es un Dios que no alivia el dolor del mundo, un Dios que no consuela. En el fondo es la pequeñez de la vida y de la razón lo que se expresa en esa idea de un Dios infinitamente separado de los hombres. Lo que los escolásticos llamaban «*ens realissimum*», «*summum bonum*», «*essentia essentiarum*»...

Odín– ¡Basta! (*Al espectador–cámara.*) Sáquelo de aquí, eche al pedantón antes de que nos vuelva locos. (*A Enmanuel.*) Si vuelves a decir una puta palabra en griego, te juro que te te te... (*Se sorprende a punto de pegar a Enmanuel.*) Ya entiendo, ahora comprendo. Llevo todo el rato dándole vueltas: ¿qué hace aquí éste, que ni tiene olfato ni salta vallas, qué pinta este tío aquí? Ahora lo veo: tú no eres candidato. (*A John-John.*) No es un aspirante, no está en el examen. ¡Es parte del examen!

John-John– ¿Es parte del examen?

Odín– Está aquí para ponernos de los nervios y ver cómo reaccionamos, igual que esa puta música y el aroma a lejía. Sólo hay dos finalistas, tú y yo.

John-John– ¿Tú y yo solos?

Odín– Tú o yo.

Silencio.

Aunque yo no tengo la menor oportunidad. Tú tienes la potencia del bóxer, la resistencia del rottweiler, la agresividad del pit-bull, la perseverancia del dogo...

John-John– Pues sí.

Odín– De finalista a finalista, John-John, ¿me permites una pregunta?

John-John– Vale.

Odín– ¿Estás seguro de que eres todo perro?

John-John– ¿?

Odín– ¿Cómo sabes que no te han metido un 10 % de tortuga, para endurecerte, o un 7 % de conejo, para darte agilidad? Ahora tienen todo tipo de medios: hormonas, genes, clones... ¿Cómo sabes que no echaron en el cóctel un 20 % de hombre, para hacerte un 20 % capullo?... Vamos, chico, no te pongas así, tampoco en mi árbol es todo fetén. Mira esta mano, ¿no es de podenco? Mi abuela era bastante zorra. Pero al menos yo sé que soy sólo perro. ¿Te han dicho que tienes ojos de mono?

John-John ataca furiosamente a Odín. Para proteger a éste, el Humano aplica a John-John sacudidas eléctricas hasta amansarlo y le pone un bozal.

(*Al espectador-cámara.*) Ya ve, Casius, el chico no se domina. ¿Se lo imagina afrontando una crisis? No es el tipo de empleado que usted busca. Por suerte para usted, yo estoy dispuesto a estudiar una buena oferta...

Calla al abrirse la puerta A, por la que entra Casius.

Casius– John-John, Enmanuel, ¿nos hacen el favor de salir?

John-John– (*Apenas inteligible, a causa del bozal.*) Pero ¿quién está ganando? ¿No van a decirnos quién va ganando?

Casius– Al final del pasillo encontrarán tres puertas: la biblioteca, la sala de televisión y el jardín. Pueden esperar donde deseen.

Enmanuel y John-John salen. El Humano cierra la puerta A y pone correa a Odín. Durante ésta y las otras entrevistas, el Humano podrá dirigir al candidato con la correa, obligándolo a ir a un lugar del recinto, adoptar una postura o hacer un ejercicio físico. Casius tomará notas en su cuaderno.

Dispone de un minuto para presentarse.

Silencio.

Odín– No sé idiomas. No sé casi nada. Sé todo lo que hay que saber.

Silencio.

Casius– En su currículum no consta fecha ni lugar de nacimiento.

Odín– Calculo que tendré unos seis años. Ni idea dónde nací.

Casius– Tampoco constan datos acerca de sus padres.

Odín– No constan.

Casius– ¿Hijos?

Odín– No constan.

Casius– ¿Es «Odín» su auténtico nombre?

Odín– ¿Quién tiene un «auténtico nombre»? Antes de «Odín» yo tuve otros tres, tantos como amos: «Express», «Fortuna» y «Furor». Llámeme como guste.

Casius– Cuesta imaginarlo como animal de compañía.

Odín– Pues lo fui. Hasta que me harté de caricias y de besar zapatos.

Casius– ¿Y luego?

Odín– La calle, mi universidad. En la calle aprendí a gruñir para dar miedo y a aullar para dar lástima. Y, sobre todo, afiné esta nariz. Aprendí que el que quiere pegarte huele distinto que el que te va a acariciar.

Casius– Hay que reconocer que su olfato es formidable.

Odín– Tres jueces han aceptado mi testimonio de reconocimiento por olor en procesos de homicidio. Puedo distinguir dos mil tipos de olor. Puedo identificar por olor cualquier agente químico o biológico en un radio de treinta metros con una precisión del noventa y siete por ciento.

Casius– Actualmente trabaja en Aduanas. ¿Puede explicarnos cuál es su misión?

Odín– Los camiones. Por el olor, determino la densidad de dióxido de carbono. Mucho dióxido es que hay gente respirando. Clandestinos.

Silencio.

Casius– Estuvo empleado en un hospital. Pero no en seguridad. Trabajaba en la sección de oncología. ¿Puede aclarar este punto?

Odín– Detectaba tumores.

Casius– ¿Es capaz de descubrir un cáncer con el olfato?

Odín– Con una probabilidad del ochenta y siete por ciento.

Casius– Salvó vidas. Un trabajo emocionante.

Odín– Cuatro kilos de solomillo al día y hembra nueva cada tres meses. Recibí una oferta mejor y emigré.

Casius– ¿Qué más puede detectar? ¿La alegría? ¿La tristeza?

Odín– ¿Me está vacilando?

Casius– Mi conciencia, ¿puede olerla?

Odín– No.

Casius– Dejó ese empleo en el hospital. Y otros. Ha cambiado a menudo de trabajo.

Odín– Nunca me han echado. Siempre me muevo yo.

Casius– ¿Hacia dónde?

Odín– Siempre en la misma dirección: mi bienestar. Sé lo que está pensando, Casius. Dígalo, diga la palabra: mercenario. Mire, Casius, si quiere ideología, escoja al niñato, tiene ideología para llenar un tren. O al pedantón, ese tiene filosofía, que es ideología para capullos. ¿Quiere ideología? Escoja a uno de esos dos. Pero si quiere un profesional, yo soy su hombre.

Casius– ¿No tiene ideología? ¿Le daría igual estar con nosotros que contra nosotros?

Odín– Usted, ¿con quién quiere que yo esté? Piénselo, Casius, y cuando lo haya pensado, procure hacerme una buena oferta.

Casius– ¿Le da igual ellos que nosotros?

Odín– ¿Ellos? ¿Los malos? Indíqueme, Casius, quiénes son, según usted, los malos, y yo haré como que ellos son los malos, sabré hacerlo. He hecho cosas peores. Dar la bienvenida a un gilipollas con sus zapatillas en la boca, eso sí que es una mierda.

Silencio.

Casius– No entendemos por qué quiere este empleo, Odín. Está bien pagado, pero es muy peligroso. No sabemos por qué lo quiere, y sin saber eso no vamos a dárselo.

Odín– Usted no va a darme ni a quitarme nada. Serán sus amos los que decidan. Y si sus amos comprenden que soy el mejor, y soy el mejor, pagarán lo que les pida. Porque están muertos de miedo, sus amos, y darían cualquier cosa por tener un poquito menos de miedo. Si se lo pido, me besarán los pies. Claro que es peligroso, claro que puedo reventar, pero vale la pena. Ahora, yo soy el amo.

Silencio.

Casius– Póngase en mi lugar, Odín. ¿A cuál de sus compañeros escogería?

Odín– No puedo ponerme en su lugar. No puedo imaginarme como un despojo que babea gratitud porque el amo no olvida lo que hice por él, porque no me tira a la basura, el amo.

Silencio.

Casius– ¿Cree usted en Dios?

Silencio.

Odín– Pasé por la perrera. Un día, un tío te señala con el dedo. Te llevan a la mansión de una marquesa, a inflarte de bombones, o a un laboratorio a probar jarabes, a ver si te pones azul o si la espichas. Ésa es mi idea de Dios.

Silencio.

Casius– Por último, Odín: ¿Qué es para usted el hombre que lo lleva por la correa?

Odín– Ni lo siento.

Silencio. Casius hace un gesto al Humano, que quita la correa a Odín y lo lleva hacia la puerta A.

Casius– Un momento, Odín, se me olvidaba. En su currículum no menciona que participó en un programa de depuración de perros ilegales.

Silencio.

Odín– Fue hace mucho tiempo. Me dijeron que era para vacunarlos y desparasitarlos. Yo mismo era un indocumentado. Me ofrecieron un collar.

Casius– No le he preguntado por qué lo hizo. Sólo he mencionado que no lo puso en el currículum. Nos preguntamos por qué. ¿Le daba vergüenza? ¿Será que «Odín el cínico» es capaz de sentir vergüenza?

Odín va a responder, pero Casius hace una seña al Humano para que se lo lleve. A un gesto de Casius, empieza a sonar música; a otro gesto, la música baja de volumen hasta que dejamos de escucharla, pero Casius sigue oyéndola. El Humano vuelve con John-John, al que pone correa y quita el bozal.

Tiene un minuto para presentarse.

John-John– ¿Un minuto?

Casius– Nos interesa saber cómo se ve a sí mismo.

Silencio.

John-John– Básicamente, estoy de acuerdo con Pascal. Me convence, me parece que planteó bien el tema. A mí jamás se me hubiera ocurrido planteármelo como una lotería. En realidad, no me lo había planteado de ninguna forma. Mi padre nunca me habló de ello. Mi padre nunca nos hablaba, la que hablaba con nosotros era mamá, a mi padre hablar le parecía cosa de mujeres, pero de ese tema ni con mamá. Pero ahora sé que, si quiero progresar en esta profesión, debo enfrentarme al tema, porque muchos de esos cabrones se pasan el día rezando, y si no sabemos a qué rezan...

Casius le hace seña de que ha agotado el minuto.

Casius– Usted ha esperado su turno en la biblioteca. Ha bajado un libro y se ha puesto a leer.

John-John– Aquí me he dado cuenta de que la acción no lo es todo.

Casius– El tomo cinco de la Enciclopedia.

John-John– Busqué «Dios», pero no me dio tiempo a leerlo todo, me quedé en un tal Voltaire. No sabía que hubiese tanta gente opinando sobre Dios, y cosas tan distintas.

Casius– ¿Se considera impulsivo, John-John?

John-John– Hay mucho prejuicios respecto de los bóxer, señor. Sabemos pensar. Si hay que pensar, se piensa.

Casius– ¿Se tiene por un bóxer?

John-John– Es mi componente mayoritario, señor. 40 %.

Casius– El análisis grafológico indica que sí, que es impulsivo. ¿Se considera violento?

John-John– En esta vida, tienes que ser amenazante para que no te amenacen a ti. El otro tiene que saber que lo pagará caro si se atreve.

Casius– ¿Disfruta del peligro?

John-John– No me arrugo, no busco excusas. Igual que usted. Nos hablaron mucho de usted en el colegio, nos lo ponían de ejemplo. Aquella vez, cuando el avión secuestrado. Nadie se atrevía a entrar, pero alguien tenía que hacerlo y usted lo hizo. Yo le admiro a usted, señor. Quiero ser como usted.

Casius– ¿Quiere ser como yo? ¿Me ha mirado bien, muchacho? ¿Se ha preguntado por qué ladeo mi cabeza para escucharle? Porque mi oreja derecha está tan seca como mi ojo izquierdo. Tengo dolores que apenas me dejan dormir, y cuando consigo hacerlo, las pesadillas no me dejan descansar. En los sueños se me aparecen todos mis muertos, John-John, y puede creer que son muchos, mis muertos. Ése es mi premio, por no haberme arrugado jamás. Y he tenido suerte. Mis mejores amigos han caído o se han vuelto locos. ¿Quiere ser como yo? Míreme bien. ¿Puede creer que un día fui una bola de pelo a la que acariciaban los niños? Hoy doy miedo a los niños. Hoy yo mismo me doy miedo... (*Silencio.*) Programa R. Lo menciona en su currículum. ¿En qué consiste ese programa?

John-John– «R» de «Resistencia». Una simulación. Te dan una palabra secreta y un día, sin previo aviso, caes prisionero del enemigo. Tienes que resistir sin decirles la palabra. Te atan en posturas insoportables, te exponen a frío y a calor extremos, te mantienen despierto a la fuerza, te hacen la tabla del agua...

Casius– ¿La tabla del agua?

John-John utiliza el cuerpo para explicarse.

John-John– Tabla. Inclinada un tanto así, que los pies queden más altos que la cabeza. Ojos tapados, brazos atrás. Toalla en la boca, bien metida, que te toque la garganta. Van echándote agua, por la nariz y por la boca, hasta que la toalla se empapa. No falla, piensas que te asfixias. Yo aguanté uno coma siete.

Casius– Pero entregó la palabra. La palabra secreta, al enemigo.

John-John– Fui el que más aguantó. Los demás no resistieron ni un minuto.

Silencio. Casius escribe en su cuaderno.

Necesito este trabajo, señor. (*Toma una pastilla. Otra.*) Si no me dan el collar, ¿qué será de mí? Un gladiador sólo puede ser gladiador. En el colegio nos ponían pelis de gladiadores. «Os estáis preparando para una lucha a vida o muerte. No hay sitio para vosotros fuera de esa lucha». Si no me dan el collar, deberían sacrificarme.

Casius– No sea dramático, muchacho. Hay otros equipos. La guerra contra el terror no acaba en el K9.

John-John– Ustedes son los mejores.

Casius– Presumimos de tener en nuestras filas a los mejores de entre los mejores. Por eso somos tan cuidadosos al seleccionar nuevos miembros. Póngase en mi lugar. ¿Odín o Enmanuel? ¿Cuál es, a su juicio, digno de convertirse en un K9?

John-John– ¿Estoy eliminado? Me había preparado a tope el psicotécnico, pero me lié en lo de las veinticinco palabras, me sobraban doce y quise completar y ahí fue cuando me hice un taco.

Casius– No está eliminado. Es una hipótesis, para ver cómo razona.

John-John– Cómo razono... ¿A cuál escogería? En una situación de peligro no contaría con ninguno. Uno tiene pasta de traidor y otro pasta de cobarde.

Casius– Hace años se nos coló un topo. Lo pagamos caro, todavía lo estamos pagando. Si tuviese que transmitir un secreto concerniente a la seguridad del Estado, ¿a cuál de sus compañeros no se lo confiaría?

John-John no sabe qué decir.

Enmanuel ha matado. Odín ha matado. ¿Y usted, John-John? ¿Ha matado usted?

Silencio. John-John niega.

John-John, ¿qué es para usted el hombre que lo lleva por la correa?

John-John– ¿Es él?

Casius– ¿Quién?

John-John– Lección número cien y última: «Un día a un hombre se te entregará. / Hermano del hombre el perro será».

Casius– Eso es lo que le enseñaron. Ahora, mírelo a los ojos y dígame: ¿Quién es este hombre?

John-John– (*Mirando al Humano.*) Soy yo mismo. Siempre estaremos juntos, hasta el final. Si tú cometes un error o yo me equivoco, los dos caeremos juntos.

Silencio. Casius hace un gesto al Humano, que quita la correa a John-John y le invita a salir por la puerta A. John-John se vuelve hacia Casius.

Puede que sea menos listo que esos dos, pero yo sería el mejor con un hombre al lado. Él pensará por mí y yo sentiré por él. Los chinos podrán inventar la nariz mecánica, pero nunca habrá máquina como un perro con hombre. Un perro sabe si alguien quiere matar, el perro sabe que el hombre va a hacerlo antes que el propio hombre. Ponga un hombre a mi lado, Casius, y yo seré el instinto de ese hombre.

John-John y el Humano salen. Casius hace un gesto como pidiendo una música que él oye y nosotros no llegamos a escuchar. El Humano vuelve con Enmanuel, al que pone correa.

Casius– Tiene un minuto para presentarse.

Enmanuel– Prefiero pasar inmediatamente al diálogo.

Silencio.

Casius– Usted ha esperado en la sala de televisión. No en la biblioteca.

Enmanuel– Últimamente no consigo concentrarme en lo que leo.

Casius– ¿Es éste su peso normal?

Enmanuel– Me he abandonado un poco.

Casius– «Enmanuel». Demasiado largo. Si se quedase con nosotros, habría que acortarlo. ¿«Enm»? ¿«Manu»?

Enmanuel– ¿Para qué pensar en ello? Probablemente, no voy a quedarme con ustedes.

Casius– Probablemente.

Enmanuel– Me sorprende que todavía no me hayan descartado. A menos que estén buscando algo aparte de olfato o fuerza.

Casius– Suponga que sólo buscásemos olfato o fuerza. ¿A quién deberíamos elegir?

Enmanuel– ¿De qué vale la fuerza sin una razón que la gobierne? ¿De qué vale un olfato que se pondrá al servicio de quien más pague?

Casius– ¿A quién, Enmanuel?

Enmanuel– Si fuese mi responsabilidad, escogería a John-John.

Silencio.

Casius– Su currículum es singular. Estudios de filosofía.

Enmanuel– En los currículums siempre se exagera. Isabel, mi dueña, estudiaba filosofía. Yo aprendí algo a base de acompañarla a clase y de escuchar las lecciones. Por eso me puso Enmanuel.

Casius– ¿?

Enmanuel– En broma, me llamaba «Enmanuel Can». Ella tenía esa clase de humor. Ya sabe, Enmanuel Kant.

Casius– No, no sé.

Enmanuel– *Crítica de la razón pura*. Bueno, tiene libros más accesibles. Le recomiendo empezar por *La paz perpetua*. ¿Habrá algún día paz entre los pueblos?, se pregunta Kant. Él es optimista. Según él, por puro egoísmo, para no devorarse entre ellos, los humanos irán llegado a acuerdos cada vez más amplios. Al final reinará una hospitalidad universal, no habrá fronteras, nadie se sentirá extranjero en ningún lugar de la tierra.

Silencio.

Casius– ¿De verdad cree que éste es su sitio? ¿De verdad quiere este trabajo?

Enmanuel– Con todo mi corazón.

Casius– ¿Por qué esconde esa cicatriz?

Enmanuel– ¿?

Casius– En el cuello. Demasiado grande para ocultarla.

Enmanuel– No la oculto.

Casius– Quizá lo haga sin saberlo, pero la oculta. ¿Le avergüenza?

Enmanuel– No presumo de ella, pero tampoco me avergüenzo.

Casius– Nos gustaría saber cómo se la hizo.

Enmanuel– Fue un accidente laboral.

Casius– Si no quiere hablar de ello, no vamos a obligarle.

Silencio.

Enmanuel– Antes de vivir con Isabel, pertenecí a un hombre que me hacía pelear. Peleas clandestinas, con apuestas.

Casius– No ha mencionado nada de eso en su currículum.

Enmanuel– No tengo nada que ver con aquel que fui.

Casius– ¿Era buen luchador?

Enmanuel– Tenías que serlo. Si cometías un error, el amo te pegaba hasta que aullabas pidiendo la muerte. Y cuando pegaba a otro, te hacía presenciarlo, para que vieses lo que te esperaba. A veces te pegaba porque sí, para endurecerte, decía él.

Casius– Cuesta imaginarlo mordiendo una garganta.

Enmanuel– No tenía elección.

Casius– ¿Mató usted?

Silencio.

Enmanuel– Si estoy vivo es porque maté. Aquellas peleas sólo acababan en muerte. Sólo valía ganar. Había chicos más fuertes, pero yo sabía esperar mi ocasión.

Silencio.

Casius– ¿Mató usted?

Silencio.

Enmanuel– Un día perdí la paciencia, me harté de recibir palizas. Dejé seco a aquel hijodeputa, pero me llevé este regalo. Me desangraba, me moría. Fue un milagro que un hombre me recogiese y me llevase a su casa con su hija. Ella me curó. Cuando la conocí, Isabel me pareció una chica rara. Se movía raro, me miraba raro. Hasta que comprendí lo que le pasaba. Fue difícil para mí al principio. No digo acompañar a una ciega, digo entender las nuevas reglas. Entender que ella no quería utilizarme. Eso es lo más importante que aprendí a su lado. Aparte de otras cosas menores. Pascal, por ejemplo. El padre le leía las lecciones en voz alta.

Silencio.

Casius– ¿Algún otro trabajo, además de aquellas peleas y éste de guía?

Enmanuel– Lo de Isabel no era un trabajo. Era mucho más que eso.

Casius– Pero ya no está con ella. ¿Lo dejó o lo echaron?

Silencio.

Enmanuel– Una mañana, cuando íbamos a la universidad... No sé cómo no reconocí el peligro... Hubo una explosión y... (*La emoción no le deja seguir. Silencio.*) No me separé de ella hasta que llegó su padre. Al verlo allí, abrazado a Isabel, abrazado a lo que quedaba de Isabel, me juré que tenía que hacer algo.

Silencio.

Casius– ¿Ha pensado en visitar a un psicólogo? Él le ayudaría a olvidar. A quitarse de la cabeza la imagen de esa chica destrozada.

Enmanuel– No quiero quitarme esa imagen de la cabeza. No quiero olvidar.

Casius– No queremos a nadie que no domine sus emociones. No queremos a nadie que utilice este trabajo para pagar deudas personales.

Enmanuel– No puedo pagar esa deuda. Esa deuda es impagable.

Silencio.

Casius– Su definición tiene más de veinticinco palabras.

Enmanuel– Cuarenta y tres. Preferí ser preciso a cumplir la regla.

Silencio.

Casius– Enmanuel, ¿qué es para usted el hombre que lo lleva por la correa?

Enmanuel– No lo sé. No lo conozco.

Silencio. Casius se dispone a salir por la puerta A. El Humano quita la correa a Enmanuel. Casius se vuelve hacia Enmanuel.

Casius– Una cosa más, Enmanuel. Cuando John-John atacó a Odín… Usted se quedó al margen, mirando. Nos sorprendió su neutralidad. Nos sorprendió que su decisión fuese no hacer nada.

Antes de que Enmanuel acierte a responder, Casius sale; detrás de él lo hace el Humano. Al rato vuelve Odín, y al poco John-John. La puerta se cierra.

John-John– ¿Y? ¿Quién ha ganado? ¿Cuánto más tendremos que esperar? Me prepararon para la acción, no para estar esperando. No me prepararon para esto, me prepararon para…

Odín– (*Al espectador-cámara.*) ¡Pongan la puta música! ¡No quiero oír a este llorón!

John-John– Casius sabía que estuve en la biblioteca. ¿Era parte del examen ver en qué nos entreteníamos? ¿Dónde estuviste tú?

Odín– Fui donde la tele, luego a la biblio, luego al jardín y otra vez a la biblio. Estuve siguiendo a un gato.

John-John– Le expliqué lo de Pascal, pero no sé si me hice entender, me duele la cabeza de tanto Pascal. Quiero entrar en acción, la filosofía me da dolor de cabeza.

Enmanuel– No es la filosofía. ¿Sabes por qué creo que te duele? Porque tu cerebro, cuando te excitas, es más grande que tu cráneo. Seguro que también te duele cuando estás con una hembra.

John-John– Es verdad.

Enmanuel– Cuando el cerebro se excita, te duele. Es por todos esos cruces. Probablemente, tienes cerebro de pitbull y cráneo de rottweiler.

John-John– ¿Se equivocaron?

Enmanuel– O no. Quizá piensen que, cuanto más te duela la cabeza en momentos críticos, mejor perro serás.

John-John– Por eso me duele. ¿Crees que tendré que dejar de...?

Odín– Si consigues hacerlo sin excitarte...

John-John– En el colegio se hablaba de una cuarta prueba. Una prueba especial, en caso de empate.

Odín– ¿Qué empate? En seguida vendrá el viejo a anunciar mi victoria.

John-John– Pregunté a mis padres si habían pasado por ello, pero no querían hablar del asunto. En el cole había rumores. Que si te señalan una casa con bicho y tienes que arreglártelas tú solito. Que si tienes que neutralizar a un perro-bomba.

Odín– ¿Un perro-bomba? (*Se troncha.*)

Enmanuel– Antiguamente, los mineros usaban burros contra la policía. Burros cargados de dinamita.

Odín– Perros explosivos, burros explosivos, pulgas explosivas...

Se abre la puerta A, por la que entra Casius.

Casius– Enhorabuena, señores, sus calificaciones son magníficas. Las tres pruebas no han bastado para encontrar al vencedor. Nos vemos obligados a enfrentarlos a una cuarta prueba. La decisiva. Señor.

Se vuelve hacia la puerta A, por la que entra el Humano, quien trae en sus manos un collar blanco nuevo.

Humano– John-John, Odín, Enmanuel, no nos equivocamos al seleccionarlos. Sin embargo, hemos descubierto en cada uno de ustedes una vulnerabilidad. Un talón de Aquiles. No podemos correr riesgos. Nos jugamos la seguridad de los trabajadores del K9. Las vidas de las personas que hemos jurado proteger. La supervivencia de nuestro mundo. Necesitamos saber que comprenden eso, que es todo un mundo lo que defendemos: cuerpos, pero también convicciones, principios. El elegido combatirá no sólo por nuestras vidas, sino también por nuestros valores. Necesitamos estar seguros de eso, frente a lo que todo lo demás –su olfato, su fuerza...– apenas tiene importancia.

Hace un gesto a Casius, que abre la puerta B.

Detrás de esa puerta, lo adivinaron, hay vida. Un ser humano. Él asegura no saber nada, pero sospechamos que tiene información sobre un inminente atentado contra población civil.

John-John quiere lanzarse hacia la Puerta B. Con un gesto, el Humano lo detiene.

Antes de tomar una decisión, queremos, señores, que compartan nuestras dudas. Quizá ese hombre realmente no sepa nada. Y aunque sepa, si lo tocamos, si tocamos a ese hombre desarmado, ¿no justificaremos su tenebrosa visión del mundo? ¿En qué nos distinguiremos de él, si despreciamos la ley? Si ese hombre no tiene derechos, ¿no están también los míos en peligro, los de todos los hombres, la democracia? Luchamos por valores. Y también por esas personas inocentes que pueden estar a punto de morir.

Pone en marcha el cronómetro: tic-tac, tic-tac...

John-John– Quiero ser un buen perro, pero necesito órdenes claras. Lánceme sobre él y lo pondré de rodillas ante usted. ¿Es eso lo que quiere? ¿Quiere o no quiere que muerda a ese hombre? ¿Es otra apuesta? Mi cabeza va a estallar. Me voy.

Odín– No puedes irte, muchacho. Sólo uno de los tres saldrá de aquí, con un collar blanco.

John-John– ¿De qué hablas? ¿Por qué nadie habla claro en este lugar?

Odín– Escúchame con tu 30 % de Rottweiler: dos seremos convertidos en salchichas. ¿O crees que van a dejarnos salir a contar lo que hemos visto? Dígaselo, Casius: sólo sobrevivirá el que gane el collar. El que pierde, muere, Espartaco. ¿No es verdad, maestro Casius?

John-John– Actuemos como un equipo y nada podrá pararnos. Vosotros ocupaos de él, yo me encargo del viejo. Si llegamos al jardín…

Odín– El jardín acaba en un foso. La biblioteca no tiene ventanas; la sala de televisión sí, pero falsas. No hay salida.

Pausa.

John-John– Dos casillas. No sé si es bueno o es malo. Si hago como que es malo y es malo, salvo a los buenos. Si hago como que es malo y es bueno, reviento a un bueno. Si hago como que es bueno y es bueno, salvo a un bueno. Si hago como que es bueno y es malo, reviento a los buenos.

Va hacia la puerta B; Odín lo sigue. El Humano los detiene.

Humano– Ellos ya han tomado una decisión, Enmanuel. Usted todavía duda. Apreciamos sus dudas, y su capacidad de superarlas. Tenemos muchas esperanzas puestas en usted. Usted no tiene la fuerza de John-John ni el olfato de Odín, pero tiene un corazón sabio. Queremos ese corazón, si podemos confiar en él.

Tic-tac, tic-tac...

¿Va a quedarse mirando lo que hacen otros? ¿No se da cuenta de que esta prueba es para usted, de que ésta es su prueba?

Tic-tac, tic-tac...

Enmanuel– Usted lo ha dicho: si tocamos a ese hombre, justificaremos su tenebrosa visión del mundo. ¿En qué nos distinguiremos de él, si despreciamos la ley? Si ese hombre no tiene derechos, también los suyos están en peligro. Los de todos los hombres, la democracia. Luchamos por valores.

Humano– Nos decepciona oír en su boca frases hechas. Piense por sí mismo, ¡sapere aude! Valores, ley, derechos, democracia. ¿Qué derechos habría sin nosotros?, ¿qué democracia? Aquí salvamos cada día la democracia. Amamos tanto la ley que, aunque quizá ese hombre quiera destruirla, lo tratamos conforme a la ley. Siempre que ello sea compatible con nuestra primera misión, que es defender la ley. Para salvar la ley, a veces es necesario suspenderla. Pero esa decisión sólo debe tomarla alguien que sienta un profundo amor por la ley. Alguien que nunca emplee la fuerza para humillar, ni para vengarse, ni para castigar. ¿Ama usted la ley, Enmanuel? Entonces, no dejará que Odín y John-John se acerquen a ese hombre. Y cuando esté ante él, se preguntará: ¿qué valen más, los derechos de este hombre o el derecho a la vida de los inocentes? ¿Y si él es inocente?, se preguntará. Sí, Enmanuel, ese hombre puede ser inocente. Pero ¿no es una apuesta demasiado alta, poner vidas en peligro porque ese hombre quizá no sea culpable? Se trata de valores, Enmanuel. La vida, ¿no le parece un importante valor?

Enmanuel– Nos ganaremos su odio, el de sus hijos, el de sus hermanos... Dígaselo, Casius. Ayúdeme, Casius...

Casius calla.

Tenemos que ofrecerle justicia, no odio. Sócrates dice...

Humano– Citas no, Enmanuel, a mí no. ¿Sabe lo que dijo Napoleón sobre los guerrilleros españoles? «*Il faut opérer en partisan partout où il y a des partisans*». «Al enemigo se combate al modo del enemigo». El enemigo no espera nuestra justicia, ni puede odiarnos más de lo que nos odia. ¿Sabe cómo nos ve, el enemigo? Nos ve como monstruos, y no vacilará hasta destruir a sus monstruos. Mañana, cuando el peligro pase, nos juzgarán los mismos hipócritas que hoy miran hacia otro lado. Nosotros aceptaremos el castigo que los fariseos nos impongan, el verdadero castigo ya está en nuestras almas. Sacrificar el alma es la tarea del héroe en estos tiempos oscuros. La vida de todos depende de nuestras almas atormentadas. ¿Recuerda cómo empieza *La paz perpetua*? Un cementerio es el único lugar que asegura la paz perpetua. No habrá otra paz que la que conquistemos cada día. Ojalá un día el amor se imponga en los corazones, ojalá un día haya una humanidad sin enemigos. Luchamos para que llegue ese día. Ésta es una guerra metafísica, una guerra en el espíritu. ¿Razón o sombra, progreso o reacción, civilización o barbarie? ¿De qué lado está, Enmanuel?

Enmanuel– Sólo soy un perro.

Humano– Distinguir entre lo justo y lo injusto, eso hoy sólo puede hacerlo el corazón de un perro. Nunca el perro fue tan necesario al hombre. La humanidad está en peligro, no nos abandonen.

Enmanuel– Déjeme hablar con ese hombre. Encontraré las palabras.

Humano– ¿Cuántas vidas sacrificará a sus palabras? Inocentes como Isabel. Isabel viviría si hubiéramos sabido que el peligro estaba allí, esperándola. Usted no vio el peligro a tiempo. ¿En qué estaba pensando, Enmanuel? ¿En qué está pensando, mientras Isabel se acerca a la muerte? Piense en ella, Enmanuel.

Enmanuel– No dejo de pensar en ti. Tú sentirías vergüenza.

Humano– Kant sentiría vergüenza. Trabajamos para que todos puedan leer a Kant. Pero la libertad tiene un precio. Ese precio lo pagamos nosotros, en nuestros corazones. Pagaremos hasta que llegue la paz. Al mundo y a nuestros corazones. Es nuestro sueño: la paz perpetua.

Deja ir a John-John y a Odín, que van hacia la puerta B. Enmanuel les cierra el paso, protegiendo la puerta. John-John y Odín atacan a Enmanuel. Enmanuel muere.

EL EDITOR

F^CO. GUTIÉRREZ CARBAJO

Es catedrático de literatura española (UNED), académico correspondiente por Madrid de la Reial Acadèmia de Bones Lletres, académico de la Academia de las Artes Escénicas de España y miembro del Comité de Expertos de la Aneca. Ha sido presidente de la Asociación Española de Semiótica y durante ocho años decano de la Facultad de Filología de la UNED. Ha impartido clases y cursos en universidades de Europa y América y pertenece a los comités científicos de diversas revistas internacionales. Cofundador de Ediciones Demófilo, ha publicado numerosos libros, investigaciones y ediciones críticas de autores clásicos y contemporáneos. Para Clásicos Castalia como editor la recopilación de textos *Teatro breve actual* (2013).

ESTE LIBRO
SE TERMINÓ DE IMPRIMIR
EL DÍA
20 DE ABRIL DE 2016